Don Johnson
Wie der Körper des Proteus
Rolfing und die menschliche Flexibilität

Für Ida Rolf,
deren achtzig Lebensjahre die Last der
Menschheit erleichtert haben.

Don Johnson
Wie der Körper des Proteus
Rolfing und die menschliche Flexibilität

**Mit einem Vorwort von Frank-M. Staemmler
Illustrationen von Charles Ramsburg**

SYNTHESIS VERLAG

vom Verfasser autorisierte Übersetzung von FRANK-M. STAEMMLER

Titel der Originalausgabe
THE PROTEAN BODY
verlegt bei Harper & Row, New York

Text Copyright   © 1977 Don Johnson
Illustration
Copyright   © 1977 Charles Ramsburg
Copyright   © 1980 der deutschen Rechte
                          SYNTHESIS VERLAG
                          SIEGMAR GERKEN
                          LUTTERBECKS BUSCH 9
                          43 ESSEN 1

Cover: Charles Ramsburg
Satz: ZERO, Rheinberg

ISBN 3-922026-01-X

Inhalt

Vorwort zur deutschen Ausgabe

Rolfer werden während ihrer Ausbildung zu größter Sorgfalt im Beobachten und Handeln angehalten. Dazu gehört auch ein Überprüfen und Dokumentieren ihrer Arbeitsergebnisse. Es ist deshalb üblich, nach einigen Sitzungen Fotos vom Körper des Klienten zu machen, eins von vorne, eins von hinten, von rechts und von links. So können alle Auswirkungen der Arbeit durch den Vergleich früherer mit späteren Aufnahmen klar belegt und illustriert werden.

Als ich zum ersten Mal derartige Fotografien sah, traute ich meinen Augen nicht. Meine Zweifel wuchsen noch, als ich hörte, daß zwischen dem ersten und dem letzten Bild nur fünf Wochen lagen. Trotz meiner Ausbildung in körper-orientierter Psychotherapie glaubte ich nicht an die Möglichkeit so radikaler Veränderungen, schon gar nicht in so kurzer Zeit. Der Mythos von der relativen Unveränderbarkeit des menschlichen Körpers saß auch tief in meinem Bewußtsein.

Inzwischen habe ich die Effekte des Rolfings am eigenen Leib erfahren, seine Wirkungen in mir gespürt und auf meinen Fotos gesehen. Ich habe viel gelesen, und meine Vorstellung von dem, was an Veränderung im Körper möglich ist, hat sich um beinahe 180 Grad gedreht. Starken Einfluß hat dabei auch das vorliegende Buch auf mich ausgeübt.

Aber was ist das eigentlich: Rolfing?

Das Wort „Rolfing" oder auch „Strukturelle Integration" bezeichnet eine Methode zur Veränderung der menschlichen Körperstruktur. Sie wurde nach ihrer Begründerin, Dr. Ida P. Rolf, so benannt.

Ida Rolf, 1896 in New York geboren und 1979 gestorben, war zunächst Biochemikerin. Gesundheitliche Probleme in ihrer Familie motivierten sie, sich mit Homöopathie, Yoga, Chiropraktik, Osteopathie sowie klassischer Medizin zu befassen. Aus diesem Interesse heraus und aufgrund enttäuschender Erlebnisse mit der Wirksamkeit der genannten Methoden begann sie, ihre eigene Behandlungstechnik zu entwickeln. Lange Zeit war sie ausschließlich am Körper selbst orientiert. Ihre Begegnung mit Fritz Perls in Esalen im Jahre 1965, den sie nach seiner schweren Herzattacke behandelte, brachte sie in Berührung mit der Gestalttherapie und führte dazu, daß Rolfing zum Bestandteil des „Human Potential Movement" in den USA wurde.

Unabhängig von der jeweiligen Haltung, die ein Mensch gerade einnimmt, ist die Struktur seines Körpers von den über die Zeit relativ stabilen räumlichen Verhältnissen bestimmt, in denen sich die verschiedenen Körpersegmente — Kopf, Hals, Schultern, Brust, Bauch, Becken, Ober- und Unterschenkel, Füße — zueinander (ver-)halten. Ida Rolf hat den wesentlichen Faktoren, die u. a. auf die Körperstruktur einwirken, ihren Stellenwert eingeräumt: der Schwerkraft und dem Bindegewebe.

Von Geburt an ist der Mensch dem Kräftefeld der Erde ausgesetzt, der Schwerkraft. Jede Haltung und Bewegung seines Körpers steht unter dem allgegenwärtigen Einfluß dieser Kraft. Abhängig von dem Verhältnis zum jeweiligen Winkel, in dem sich der Mensch mit den verschiedenen Teilen seines Körpers gerade zu ihr befindet, kann sie sowohl unterstützend als auch als Streßfaktor wirken. Ein Mensch, der aufrecht geht, wird von der Schwerkraft gehalten, wohingegen einer, der vornübergebeugt steht, Muskulatur anspannen und damit unnötig Energie aufwenden muß, um nicht von ihr zu Boden gezogen zu werden.

Das Bindegewebe — Faszien, Sehnen, Bänder, Knorpel usw. — ist im Körper des Menschen ebenso allgegenwärtig wie die Schwerkraft. Es verbindet die verschiedenen Organe und Glieder miteinander und bestimmt so, je nach seiner Beschaffenheit, ihr Verhältnis zueinander. Ein nach vorn geschobener Kopf, eine rechts höher als links stehende Schulter oder ein um die senkrechte Achse verdrehtes Becken werden vom Bindegewebe in ihrer Position gehalten.

Die verschiedensten Ereignisse, vor allem große und kleine Traumata emotionaler oder körperlicher Art, können nun ihre Spuren in der Struktur des sehr plastischen und veränderlichen Bindegewebes hinterlassen und zu Verdickungen, Verkürzungen, Überdehnungen oder „Verklebungen" des Bindegewebes führen. Dadurch entstehen Unausgeglichenheiten im Verhältnis der Körpersegmente zueinander und zur Erde: die Schwerkraft wird zum Streßfaktor, den der Körper durch kompensatorische Anstrengungen aufzufangen versucht, wodurch wiederum neuer Streß entsteht ...

Rolfing läßt sich von daher als eine Methode der Bindegewebsbehandlung beschreiben, die zum Ziel hat, den Körper und seine Segmente in ein optimales Verhältnis zueinander und zur Schwerkraft zu bringen, um dem Menschen ein Leben unter minimalem körperlichen Streß mit einem Maximum an frei verfügbaren Energien zu ermöglichen.

Die zu diesem Zweck von Ida Rolf entwickelte Methodik besteht in einem ausgereiften System von Techniken, die entfernte Ähnlichkeit mit Massage haben. Sie werden in der Regel in einer bestimmten Reihenfolge im Verlauf von zehn ca. einstündigen Sitzungen angewandt, in denen der Körper des Klienten sich zunehmend dem Ziel der Behandlung annähert.

Die Effekte dieser Arbeit, wie sie an den eingangs erwähnten Fotos sichtbar werden, sind nicht nur für den Betrachter beeindruckend, sondern mehr noch für den Betroffenen deutlich spürbar: Seine Bewegungen gewinnen an Leichtigkeit und Anmut, er kann freier atmen und fühlt sich ausgeglichener und kraftvoller.

Was zunächst so unglaublich anmutet, beruht auf einer einfachen Erkenntnis: Der Körper des Menschen ist aus plastischem Material und deshalb grundsätzlich veränderbar — wie der Körper des Proteus.

Würzburg, im Juli 1980   Frank-M. Staemmler, Dipl.-Psych.

1
Das Hologramm

Vor ein paar Jahren hatte ich einen Traum: Ich war mit Freunden in der Fillmore-Halle in San Franzisko. Wir standen in einem riesigen Foyer, das der Lobby des alten Fox-Theaters glich, und mit uns bildeten Hunderte von Menschen einen Kreis um drei tanzende Frauen und schauten ihnen zu. Aber die Frauen waren wie Hologramme, dreidimensionale Bilder, hervorgerufen von sich schneidenden Laserstrahlen. Obwohl sie aussahen wie aus Fleisch und Blut, nahm ich sie als dreidimensionale Projektionen in der Luft zwischen uns wahr, so, als würden sie von unzähligen Projektoren um uns herum geschaffen. Sie tanzten eine Handbreit über dem Boden.

Unsere Körper sind wie die Körper dieser drei Frauen. In jedem Augenblick sind sie dreidimensionale Projektionen von Energie aus vielen Quellen. Wir sind wie Homers Proteus, der altertümliche Gott des Meeres, der sich in Wasser, Feuer oder irgend etwas anderes auf der Welt verwandeln konnte. Festigkeit und Unveränderbarkeit sind Mythen. Mit diesem Buch möchte ich das Bewußtsein von den Grenzen des menschlichen Körpers und seiner Fähigkeit zur Veränderung erweitern. Ich möchte vermitteln, daß der Körper Veränderung *ist*.

„Der menschliche Körper ist kein vorgegebenes Ding oder eine Substanz, sondern eine fortdauernde Schöpfung. Der menschliche Körper ist ein energetisches System, das nie vollständig zur Struktur wird und niemals statisch ist. Er befindet sich in einem ständigen Prozeß der Selbstschöpfung und der Selbstzerstörung; wir zerstören ihn, um ihn zu erneuern."[1]

Es war im Jahre 1968, als ich mit Ned Hoke in meiner Wohnung in New Haven zusammensaß; er leitete gerade einen Massage-Workshop in Yale. Er erzählte mir, daß er, wann immer er allein oder gelangweilt sei, seine Aufmerksamkeit einfach seinen Beinen zuwende, die mit so viel Kraft und Schönheit angefüllt seien wie das Meer bei Sturm. Ich konnte mir nicht vorstellen, worüber er sprach. Meine Beine fühlten sich wie massive hölzerne Balken an. Heute, sieben Jahre später, weiß ich, was er meinte. Mit meiner Bewußtheit durch meine Knöchel, Knie oder Ellbogen zu wandern, kann so aufregend sein wie ein Streifzug durch den Urwald. Ich treffe dort auf sonderbare Menschen, Ruinen aus alten Zeiten und Geister aller Art.

Der Körper ist flexibel, ein fließendes Energiefeld, das sich vom Augenblick der Empfängnis bis zum Moment des Todes in einem Veränderungsprozeß befindet. Fleisch ist keine feste, dichte Masse; es ist voll von Leben, Bewußtheit und Energie. Obwohl wir relativ leicht bereit sind, diese Eigenschaften des Gewebes anzuerkennen, sind sie doch nur selten bewußte und wirksame Realität für uns. Sind Ihnen im Moment diese Formen des Lebens bewußt, zum Beispiel in Ihren Händen, die dieses Buch halten, oder in Ihrem Rücken, der die Lehne Ihres Stuhls berührt, oder in der Bewegung Ihrer Lungen?

Dieses Buch geht von der Vermutung aus, daß die meisten Menschen ihre Körper als undurchsichtige, feste Masse erleben, die, abgesehen von Einflüssen durch Unfälle oder Alter, im Großen und Ganzen in ihrer Form festgelegt ist. Eine wesentliche Barriere gegen die Fülle des menschlichen Lebens besteht in der Vorstellung, die Realität sei identisch mit den gegenwärtig gerade populären Annahmen über das Wesen der Wirklichkeit, wie sie uns von Kindesbeinen an vermittelt werden. „Ich bin sehr verletzlich. So bin ich nun einmal. Mein Vater war auch schon so." „Ich werde immer wütend, wenn mich jemand kritisiert. So bin ich nun mal." „Ich leide an einer Skoliose (Verkrümmung der Wirbelsäule). Das ist vererbt. Mein Vater und mein Großvater hatten auch eine." Die Zerstörung dieser Vorstellung von dem, was real ist, schafft einem die Freiheit, in einer aufregenden Welt zu leben, in der man für sich selbst entdecken kann, was wirklich ist. Diese Welt ist voll mit Unerwartetem und reich an Überraschungen. Die Überraschungen, die Ihnen dieses Buch bereiten soll, sind unter Ihrer Haut versteckt.

[1] vgl. Quellenangaben am Ende des Buchs.

In den letzten vierzig Jahren ist die allgemeine Vorstellung von der Wirklichkeit heftig attackiert worden. Die Revolution der Atomphysik, die Forschung auf dem Gebiet der Wahrnehmungspsychologie und die Entwicklung der philosophischen Phänomenologie sowie der Linguistik haben das Ansehen dessen, was bis dahin für real, unzweifelhaft und unveränderlich gehalten wurde, zerstört. In Lebensläufen wie denen von C.G. Jung und Carlos Castaneda verdichtet sich, was in diesen Jahren geschehen ist. Jung berichtet in seiner Autobiographie die Einzelheiten des fünfzig Jahre dauernden Prozesses, während dessen er lernte, daß das „Reale" nicht ist, für was er und seine Kultur es gehalten hatten. Castaneda verbrachte zwölf Jahre mit dem Schamanen Don Juan Matus vom Stamm der Yaqui und erfuhr, daß alles, was er als real, solide und unzweifelhaft angenommen hatte, nicht auf Erfahrungen, sondern auf Vorannahmen beruhte.

Im Jahre 1967 hörte ich Vorlesungen an der Universität von Kalifornien in Berkeley, die ein britischer empiristischer Philosoph aus Cambridge hielt. Er machte sich sehr über Descartes lustig, den französischen Philosophen des 17. Jahrhunderts, der ernsthafte Zweifel an der Gültigkeit unmittelbarer Wahrnehmungen angemeldet hatte. „Wir alle wissen natürlich, wenn wir die Straße hinabschlendern und den Campanile sehen, daß er da ist. Es gibt keinen Zweifel über seine relative Höhe, seine Form und Farbe." Ein langhaariger Student in Jeans und einem indianischen Hemd meldete sich:„Also, wissen Sie, ich habe gesehen, wie sich der Campanile in eine rote Schlange und einen runden schwarzen Mond verwandelte; dann wurde er ein kleiner Wurm und ein riesiges Seeungeheuer." Der Professor kicherte nervös und kehrte zu seinem Text zurück.

Der weitverbreitete Gebrauch psychedelischer Drogen hat der Zuverlässigkeit der Realität einen schweren Schlag versetzt. Wir, die wir von unserem Studium der Physik her wußten, daß ein scheinbar fester Tisch im Grunde aus einer zahllosen Menge von Partikeln besteht, die sich mit unglaublicher Geschwindigkeit im Raum bewegen, wir können den Tisch jetzt auch so wahrnehmen. Die Popularität verschiedener Meditationsformen, die Entwicklung von Biofeedback-Geräten und die Nutzung der menschlichen Phantasie mittels bestimmter psychologischer Techniken haben zur Verbreitung einer Form von Bewußtsein geführt, von der man noch vor zwanzig Jahren gedacht

hätte, sie gehöre in die Welt von Schamanen, Schizophrenen oder My-
stikern. Dieses Bewußtsein stellt eine unmittelbare Bedrohung für die
allgemeine Vorstellung von der Realität dar.

Sowohl in der persönlichen als auch in der universellen Geschichte
des Menschen gibt es ein Muster, das in seiner Entwicklung zum Vorschein kommt. Menschen scheinen sich zunächst nach außen zu proji-
zieren, indem sie unwissentlich äußere Objekte benutzen, um ihr inneres Drama zu entfalten. An einem bestimmten Punkt entsteht dann
später üblicherweise die Erkenntnis, daß die äußere Welt etwas über die
innere lehrt, und das Bewußtsein wendet sich wieder sich selbst zu.
Unser Leben ist ein ständiges Pendeln zwischen äußerer Aktivität und
innerem Gewahrwerden. Obwohl es heutzutage nicht nur akzeptiert,
sondern in manchen Kreisen sogar in Mode ist, vom illusorischen
Charakter der Realität zu reden, wird dieser Standpunkt nur selten,
wenn überhaupt, auf den menschlichen Körper selbst angewandt.

Ein 45jähriger Atomphysiker rief mich eines Abends an, um mit mir
über seinen 17jährigen Sohn zu sprechen, der eine schwere Skoliose
hatte. „Ich bekam in diesem Alter auch eine Skoliose, die mehrere Jahre lang mit einem Korsett und physikalischer Therapie behandelt wurde, jedoch chronisch verlief.” Ich war erstaunt über die Widersprüch-
lichkeit der wissenschaftlichen Anschauungen dieses Mannes einerseits
und sein Verhaftetsein in volkstümlichen Überzeugungen andererseits.
Seine physikalische Welt ist nicht-substanziell und bestenfalls von
Wahrscheinlichkeiten regiert. Seine Sicht der Alltagswelt aber ist solide und sicher. Dabei ist aber gerade die Beständigkeit der groben Körperstruktur noch fraglicher als der Zusammenhalt ihrer konstituieren-
den Teile.

Wenn man jene Welt hinter sich läßt, in der das real ist, was die Leute so nennen, was uns so dargestellt wurde und was für wahr gehalten
wird, dann betritt man ein grenzenloses, unerforschtes Land. Die festen
Welten der Physiker vergangener Jahrhunderte und die von Freud
und Archie Bunker lösen sich im Säurebad eines weiteren Bewußtseins
auf.

Der Weg in eine andere Welt ist nicht immer leicht und erfreulich;
er ist manchmal dunkel und voller Schrecken. In der Nacht, bevor ich
begann an diesem Buch zu schreiben, brachte sich eine Klientin und

Freundin von mir um. Sie war auf traditionelle Weise religiös erzogen worden, hatte einen erfolgreichen Geschäftsmann geheiratet und war Mutter geworden. Ihre Welt war ihr nicht verständlich; irgend etwas fehlte. Sie war zwölf Jahre in Psychotherapie. Die Wirklichkeit ihrer Welt glitt ihr Stück für Stück aus den Händen und sie fühlte sich von Dunkelheit umgeben. Kurz bevor sie starb, rief sie mich an und sagte, sie könne absolut keinen Sinn im Leben sehen; es gäbe für sie keinen Grund zu leben.

Ray ist zwanzig Jahre alt, studiert Chemie und möchte promovieren. Er reitet, schwimmt und macht täglich Dauerläufe. Mit acht Jahren ging er bereits zum Bergsteigen. Sein Körper ist mager und athletisch. Einen Monat lang hatte er ständig Schmerzen und war drauf und dran, sein Studium abzubrechen. Untersuchungen durch verschiedene Spezialisten brachten keine Ergebnisse. Als letzte Chance hatte ihn sein Arzt zum Rolfing geschickt. Als ich seine medizinische Vorgeschichte aufnahm, berichtete er nur von einem leichten Beckenbruch im vorangegangenen Jahr, der „keinerlei Auswirkungen irgendwo" gehabt habe. Außerdem habe ihn einmal ein Pferd mit dem Huf im Gesicht getroffen. Davon abgesehen habe er sich bester Gesundheit erfreut, keinerlei Unfälle oder Krankheiten gehabt — bis vor einem Monat.

Wenn ich meine Augen geschlossen gehabt hätte, wäre ich dem Eindruck erlegen, mit einem wesentlich älteren Mann zu sprechen, vielleicht mit einem kultivierten Intellektuellen von besten Umgangsformen. Er lieferte mir viele Bilder davon, wer er war: „Ich bin der Typ, der . . ." „Ich kann das einfach nicht verstehen." „Ich habe eine unglaublich geringe Schmerztoleranz." Sein Muskelsystem glich einem Netz aus gespannten Klaviersaiten.

Als wir damit begannen, die Faszien des großen Brustmuskels (pectoralis major, vgl. Abb. S. 6) zu lockern, um einen leichteren Atemfluß zu ermöglichen, strömten Tränen aus seinen Augen. Sie schienen von sehr tief zu kommen und voller Qual zu sein. Ich sagte ihm, ich hätte den Eindruck, daß viele Jahre mit schmerzhaften Erfahrungen hinter ihm lägen. Er antwortete: „Es ging mir immer schlecht seit meinem neunten Schuljahr." Ich fragte ihn, was damals passiert sei. „Wir lebten in Marokko. Meine Eltern schickten mich nach Paris zur Schule. Seither habe ich nicht mehr zu Hause gewohnt. Als ich in Paris war, kam ich ins Krankenhaus wegen Schmerzen wie denen, die ich in der letzten Zeit hatte. Man hat nie herausgefunden, was die Ursache war."

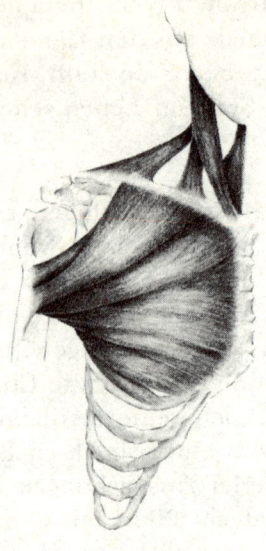

Die Tränen wichen einem starken Zittern, als wir das Hüftgelenk in dem Bereich lockerten, wo er sich das Becken gebrochen hatte.

Die Funktion des Menschen — seine Emotionen und Gefühle, seine Gesundheit, das Aussehen seines Körpers, sein Wohlbefinden — ändern sich von Tag zu Tag; diese Behauptung wird sicher weitgehend akzeptiert. Aber nur wenige Menschen leben mit dem Gefühl, daß ihre *Struktur* veränderbar ist.

Die Annahme, daß die Körperstruktur festgelegt sei, führt oft zu einem Gefühl von Aussichtslosigkeit. Trotz Übungen, gesunder Ernährung, Psychotherapie und Meditation finden sich viele von uns immer wieder gefangen in alten körperlichen oder seelischen Schmerzen. Manch einer hat festgestellt, daß die Körperstruktur die Falle ist, in der er festsitzt: ein gekipptes Becken, ein nach vorne vorgeschobener Hals, eine verdrehte Lendenwirbelsäule.

Eine 26jährige Klientin von mir war im Alter von fünf Jahren erfolgreich am offenen Herzen operiert worden. Sie hatte sich eines im wesentlichen friedlichen und glücklichen Lebens erfreut. Sie war gesund und hübsch, hatte viele Freunde und eine Arbeit, die sie befriedigte. Sie war lange Zeit in Psychotherapie gewesen. Als sie zu ihrer ersten Rolfing-Sitzung erschien, bemerkte ich, daß ihr gesamter Körper sozusagen um die große Narbe zwischen der sechsten und siebten Rippe herumgewachsen war, die von der Operation geblieben war. Während der zehn Sitzungen, als wir diesen Schutzwall langsam abtrugen, der bis zu ihren Fußsohlen reichte, kam scheinbar endlose Trauer zum Vorschein; die Tränen strömten, ohne daß sie mit bestimmten Inhalten verbunden zu sein schienen.

Verdauung und sexuelle Erregbarkeit, zum Beispiel, gehören zu den grundlegenderen Angelegenheiten eines Körpers auf dieser Welt. Ihr richtiges Funktionieren hängt von der Struktur des Körpers ab, und diese Struktur ist veränderbar.

Ein weiteres Anliegen dieses Buches ist es, Ihr Bewußtsein davon, in welchem Maße körperliches Verhalten programmiert ist, zu erweitern. Wir verhalten uns mit unseren Körpern im allgemeinen nicht entsprechend einem inneren Gefühl von Angemessenheit und Leichtigkeit. Vielmehr richten wir uns nach dem, was man uns über den Gebrauch unseres Körpers beigebracht hat, oder danach, wie wir anderen damit gefallen könnten. Auf diesem Weg durch die Evolution hat der Mensch sich ein sehr wertvolles Gut angeeignet: seine praktisch unbegrenzte Anpassungsfähigkeit. Er kann auf einen einzelnen oder eine Menge von Reizen mit unzähligen Reaktionen antworten. Aber bereits in unseren ersten Lebensmonaten beginnen wir, unsere Anpassungsfähigkeit einzuschränken. Unsere Reaktionen werden rigide und vorhersagbar — bis wir mit vierzig Jahren unsere Kinder so reden hören: „Ach, ich weiß schon, was er dazu sagen wird. Die gleiche alte Geschichte."
Der natürliche Prozeß der Evolution hat aus der Welt der Primaten Tänzer und Künstler entstehen lassen, aber mit unserem Bewußtsein haben wir die Natur bekämpft und aus Tänzern und Künstlern Maschinen zu machen versucht.
Es gefällt uns nicht, uns selbst als Maschinen zu sehen, deren Verhalten vorgeformt ist und die vorhersagbare Reaktionen auf eine Reihe von Reizen produzieren. Viel lieber halten wir uns für warme, liebevolle,

freie und kreative Wesen. Lassen Sie uns das von nahem betrachten. Beobachten Sie beispielsweise einmal Ihren Körper immer dann, wenn Sie spüren, daß Sie wütend werden. Achten Sie darauf, welche Körperteile dabei in der Regel angespannt oder verkrampft sind. Machen Sie dasselbe, wenn Sie Angst haben. Finden Sie heraus, ob Ihre Wut eine persönliche, kreative Reaktion auf einen völlig neuen Reiz ist oder ob sie nur die Wiederholung eines abgedroschenen alten Musters darstellt. Entschuldigen Sie nicht vielleicht sogar Ihr mechanisches Verhalten, indem Sie zum Beispiel sagen: „Aber es ist ja auch derselbe Reiz; mein Sohn hat seine Brille schon so oft zerbrochen."? Einen Moment, bitte. Ihr Sohn ist heute einen Tag älter; er hat andere Gefühle und nimmt andere Dinge wahr. Zumindest zerbrach er eine andere Brille.

Ein Rancher, mit dem ich befreundet bin, hat in seiner Vergangenheit eine Reihe von Verletzungen bei Rodeos erlitten. Diese haben in Verbindung mit den Auswirkungen einer Kinderlähmung eine unverwechselbare Drehung in seinen Beinen hervorgerufen und zu einem ungewöhnlichen Gang geführt. Sein zwölfjähriger Sohn geht auf dieselbe ungewöhnliche Weise, obwohl er weder Unfälle noch Polio hatte.

Indem wir uns in einer bestimmten Art aufführen, um Eltern, Liebhabern oder einem Publikum zu gefallen, errichten wir ein Bollwerk gegen unsere kreative Anpassungsfähigkeit, die eigentlich unser natürlicher Besitz ist. Weil wir uns bedroht oder leer fühlen, haben wir es nötig, uns für Liebe zu verkaufen. Und wir sind bereit, jeden Preis dafür zu bezahlen, selbst wenn das dazu führt, daß wir unsere Seele verlieren und zur Maschine werden.

Drei Tage später kam Ray zu seiner zweiten Rolfing-Sitzung. Er erwähnte leichthin, welch quälende Schmerzen er nach der ersten Sitzung zu ertragen hatte. Seine Brust hatte weh getan, und die Rückenschmerzen waren unerträglich gewesen. Als ich fragte, ob sonst irgend etwas passiert sei, erzählte er mir, daß er zum ersten Mal seit einem Monat weder Codein noch Aspirin genommen habe und täglich lange Spaziergänge mache. Er klagte über die S-förmige Biegung seiner Wirbelsäule; er sei der einzige in der Familie, der nicht aufrecht sei. Seine Skoliose war durchaus nicht ungewöhnlich ausgeprägt und hatte sich dramatisch verbessert, nachdem er seinem Atem mehr Platz in seiner Brust geschaffen hatte, wodurch auch sein Kopf sich aufgerichtet hatte.

Als ich anfing, an seinen Füßen zu arbeiten, fiel mir auf, daß sie eine Art Stauchung aufwiesen, wie sie für Füße charakteristisch ist, die in jungen Jahren in orthopädische Schuhe gezwängt werden. „Ja. Jeder in meiner Familie hat orthopädische Schuhe getragen. Aber ich trug sie nur, bis ich fünf Jahre alt war. Ich weiß nicht mehr, warum." „Übrigens", fuhr er fort, „fällt mir gerade ein, daß irgendein riesiger Zwei-Zentner-Mann mir an meinem ersten Schultag in Paris auf den Fuß trat. Er war übel verstaucht." Fünf Wochen später erzählte er mir, daß jener Mann überhaupt nicht groß und schwer gewesen sei.

Während wir weiterarbeiteten, fragte ich ihn, ob er jemals eine gewisse Zeit nur für sich ist. „Ja. Immer. Ich kann alles um mich herum ausblenden." „Nein, ich meine, ob Sie einfach bei sich selbst sein können ohne das Gefühl, über etwas nachdenken oder etwas tun zu müssen?" „Nein. Ich muß immer etwas zu tun haben oder über etwas nachdenken." Ich schlug ihm vor, sich täglich zehn Minuten hinzulegen, seinen Atem gehen zu lassen und zu schauen, was dabei passiert.

Jeder weiß, daß der Körper sich verändert. Wenn Sie zu viel essen, werden die Hosen zu eng, und Sie brauchen eine andere Kleidergröße. Ein paar Monate später sind Ihre neuen Hosen zu weit, und Sie können sie nicht mehr tragen. Wenn Sie auf die Vierzig zugehen, fängt ihr Körper an schlaffer zu werden. Ihre Tochter bricht sich ein Bein und kann nicht mehr ganz so schnell rennen wie vorher; sie klagt sogar über Schmerzen. Die Haut wird pickelig, dann wieder rein, verhärtet sich, wird trocken und im Alter faltig. Ihr Kreislauf funktioniert besser, wenn Sie sich gesünder ernähren oder mehr bewegen. Sogar Ihre Größe ändert sich, Sie werden im Alter normalerweise kleiner. Manchmal werden Sie auch größer, zum Beispiel wenn Sie aus einer schweren Depression herauskommen oder an Bord einer Weltraumkapsel waren.

Ich brauche Ihnen nicht zu erzählen, daß sich Ihr Körper verändert; Sie wissen das längst. Was ich sagen will, ist, daß er sich stärker verändert, als Sie vermuten, und daß er radikaler verändert werden kann, als Sie denken.

Es gibt verschiedene Ansätze zur Veränderung des Körpers. Medizinische Wissenschaft und Technologie haben inzwischen einen ganzen Industriezweig hervorgebracht, der Veränderungen im Körper zum Ziel hat. Kurorte, Schönheitsfarmen, Yogakurse und Trainingsprogramme für Athleten basieren auf der Formbarkeit des Körpers.

Ich möchte die folgenden Aspekte untersuchen:

1. Die individuelle Geschichte. Ihr Körper repräsentiert Ihre einzigartige Vergangenheit, unter anderem auch alles, was Ihre Eltern Ihnen über den Gebrauch Ihres Körpers vermittelt haben, sei es durch Worte oder durch ihr Vorbild. Er enthält Ihre Geburtserfahrung, die häufig traumatisch ist, Unfälle, Krankheiten und Ihre psychische Geschichte in ihrer Beziehung zum Körper.

2. Die Kultur. Ihr individueller Körper ist eine spezielle Ausformung universellerer Muster, die sich ihrerseits in einem kaum wahrnehmbaren Veränderungsprozeß befinden. Die Vorstellung von weiblicher Schönheit wird Ihnen durch die Medien von Kindheit auf vermittelt: Mannequins, Filmschauspieler, Sänger und Spielkameraden nehmen eine bestimmte Körperhaltung ein. Dasselbe trifft auf Männer zu. Der athletische Mann, der Marlboro-Mann und der verführerische Filmstar bestimmen die Normen, an denen wir uns messen und nach denen wir uns

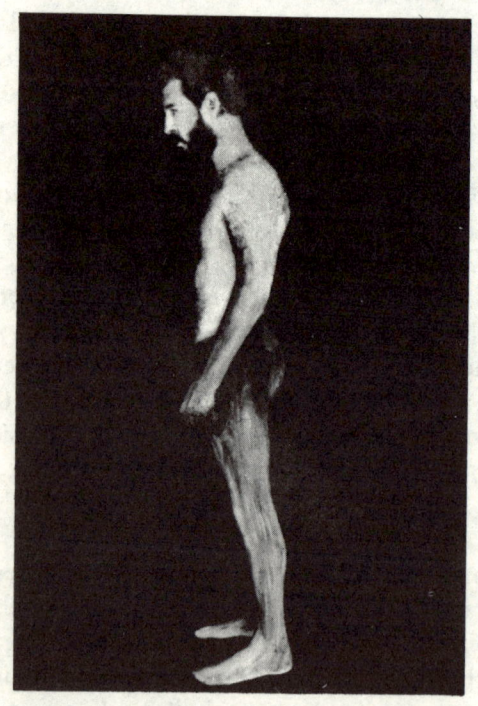

in unserem Körper gut oder schlecht fühlen. Die morphologische Evolution spielt auch eine Rolle. Eines Tages fragte ich einen Klienten (vgl. Abbildung), warum er sich so aufrecht hinsetzte, während sein Körper doch so verspannt sei, besonders sein von Geschwulsten befallener Bauch. Er antwortete, daß er aussehen wollte, wie bestimmte Männer, die er bewunderte. Sie machten einen großen und stattlichen Eindruck auf ihn. Ich wies ihn darauf hin, daß diese Männer weder aufrecht noch offen und entspannt seien, daß ihre Köpfe vielmehr wie der seine von den verkürzten Muskeln an der Vorderseite ihres Körpers nach vorne gezogen würden. Was wir beobachten können, ist jeweils abhängig von dem speziellen Punkt in der Geschichte, an dem wir uns gerade befinden. Was die Griechen des Goldenen Zeitalters als gerade und offen ansahen, hält ein bioenergetischer Therapeut des 20. Jahrhunderts für angespannt und verschlossen.

3. Die Schwerkraft. Wir sind denselben Gesetzen unterworfen wie jede physikalische Form. Wir bewegen uns ein Leben lang durch das Feld der Schwerkraft. Diese stellt eine Belastung dar, mit der wir sowohl auf individuelle wie auch auf vorgegebene Weise umgehen. Die Form, die unser Körper zu jedem denkbaren Zeitpunkt hat, ist eine Funktion dieser statischen und dynamischen Kräfte.

4. Der Lebensstil. Unsere Intentionen formen uns: Wie wir unsere Umwelt, unsere Ängste und anderen Gefühle handhaben, für welche Tätigkeit wir uns entscheiden, der Lebensstil, den wir entwickeln, das Essen, das wir zu uns nehmen, wie wir uns trainieren, wie wir mit Streß umgehen — all das schlägt sich in unserem Körper nieder.

Der Begriff der Struktur ist für dieses Buch entscheidend. Ich möchte erklären, wie ich ihn benutze. Während Sie dieses Buch lesen, befinden Sie sich in einer bestimmten *Haltung*, möglicherweise an die Lehne eines Stuhles gelehnt, den Kopf nach vorn, einen Großteil Ihres Gewichtes auf Ihrer rechten Hüfte, den Kopf leicht nach links geneigt, die Arme bequem im Schoß. Jetzt stehen Sie auf — oder stellen Sie sich vor aufzustehen — und versuchen Sie, Ihren Körper in der Vertikalen so angenehm und ausbalanciert zu halten, wie sie können. Spüren Sie in die Bereiche Ihres Körpers, in denen Sie ein angespanntes, unangenehmes oder auch nur dumpfes Gefühl haben. Wenn Sie sich auf dieses Experiment ganz und gar einlassen wollen, dann stellen Sie sich vor einen Spiegel, in dem Sie Ihren gesamten Körper sehen können, oder lassen Sie ein Foto von sich machen. Sie werden bemerken, daß manche

Stellen Ihres Körpers verkürzt oder verfestigt sind, so vielleicht die Rückseite Ihrer Beine, Ihre Taille, die Leistengegend oder der Nacken. Jetzt werden Sie sich langsam Ihrer *Struktur* bewußt.

Struktur meint das relativ stabile Verhältnis großer Körpersegmente (Kopf, Brustkorb, Becken, Beine, Füße) zueinander. Diese Verhältnisse sind eine Funktion der Länge und des Tonus von Muskeln, Faszien, Sehnen, Bändern, Knorpel und Knochen. Falls Sie noch ein Foto von sich besitzen, das gemacht wurde, als Sie zwölf Jahre alt waren, am besten im Badeanzug und stehend, und dieses Bild mit dem vergleichen, wie Ihr Körper heute aussieht, dann werden Sie vielleicht feststellen, daß sowohl damals wie heute eine leichte Drehung in Ihren Schultern zu erkennen ist, die rechte Schulter weiter zurückgezogen ist als die linke, und Ihre Hüften eine ähnliche Drehung in umgekehrter Richtung aufweisen. Möglicherweise hat ein Arzt bei Ihnen eine leichte Skoliose diagnostiziert oder Ihr Masseur hat eine Rotation des fünften Lendenwirbels bemerkt. Das sind alles Dinge, wie Sie körperlich *sind*. *Haltung* ist, was Sie mit all dem machen, während Sie durchs Leben gehen. Haltung meint, wie Sie sich setzen, stellen, legen.

Struktur und Haltung haben offensichtlich etwas miteinander zu tun. Angenommen, Sie haben eine Rotation in Ihrer Halswirbelsäule; dann finden Sie es wahrscheinlich bequemer, Kopf und Augen häufiger nach rechts zu drehen. Weil die Struktur die eine Haltung bequemer macht als die andere, macht sie uns vorhersagbar und trägt dazu bei, daß wir in mancher Hinsicht wie Maschinen sind. Wenn die eine Seite Ihres Körpers chronisch angespannt ist, werden Sie sich in der Regel so hinsetzen, daß Sie diese Spannung möglichst wenig spüren. Wenn Sie einen Tänzer oder einen Läufer beobachten, werden Sie bestimmte unausgeglichene Bewegungsmuster bemerken: Der Tänzer wird vielleicht häufig kraftvolle, dramatische Bewegungen nach links machen, jedoch viel seltener und mit viel weniger Anmut nach rechts. Der Läufer mag sich weicher bewegen, wenn er das linke Bein nach vorn bringt, als wenn er das mit dem rechten tut.

Haltung hat auch einen Einfluß auf die Struktur. So wird ein Tennisspieler mit den Jahren zwei völlig unterschiedliche Schultern entwickeln. Bei jemandem, der einen großen Teil seiner Kindheit damit verbracht hat, in einem Sessel herumzuhängen und bei schwachem Licht zu lesen, und später seinen Werdegang zum Gelehrten fortsetzt, wird man die charakteristischen abfallenden Schultern, eine eingesunkene Brust und einen hängenden Kopf antreffen.

Diese Überlegungen zur Variabilität der Körperstruktur haben weitreichende Implikationen. Wenn unser Selbstvertrauen als grundsätzlich körperliche Wesen flexibler und differenzierter wird, tritt auch eine Veränderung in unserem Verhältnis zu den größeren Problemkreisen der Menschheit ein. Die letzten Kapitel dieses Buches werden sich damit befassen, welchen Einfluß das Erleben unserer Körperstruktur auf Politik, Spiritualität und intime persönliche Beziehungen hat.

Ich mußte mit Ray drei Sitzungen innerhalb von fünf Tagen ausmachen, weil er aufgrund seiner starken Schmerzen nicht mehr zur Universität gehen konnte und ich herausfinden wollte, wie weit ich ihm helfen konnte. Am Tage nach seiner zweiten kam er zur dritten Sitzung; er sah viel glücklicher und unbeschwerter aus. Er hatte den Tag damit verbracht, bei seinen Eltern im Stall zu arbeiten, Heu zu wenden, zu reiten und spazierenzugehen. Der Zustand seines Rückens hatte sich so sehr gebessert, daß er daran dachte, am nächsten Tag wieder zur Uni zu gehen. Er hatte meinen Vorschlag ausgeführt, sich Zeit für sich selbst zu nehmen, hatte sich hingelegt und war sofort eingeschlafen.

Ich arbeitete hauptsächlich in dem Bereich zwischen den unteren Rippen und der oberen Hälfte des Beckens. Er reagierte hervorragend darauf, arbeitete mit und ließ seinen Atem frei fließen. Am Ende der Sitzung machten wir ein paar Fotos, die zeigten, wie sehr sich sein Körper sowohl zu den Seiten als auch in der Vertikalen im Verlauf der ersten drei Sitzungen ausgedehnt hatte. Er fühlte sich sehr leicht und spürte sehr viel Energie an der Rückenseite seines Kopfes. Wir verabschiedeten uns für diese Woche.

2
Die Anatomie der Formbarkeit

Das Ziel dieses Kapitels ist es, das zur Zeit verbreitete Verständnis von der Natur des Körpers in Frage zu stellen und einige Informationen über seine Grundstruktur zu vermitteln, deren Stadien der Veränderung in den folgenden Kapiteln erörtert werden sollen.

Wenn Sie Kopfschmerzen haben, denken Sie dann, es sei ein Problem mit Ihrem Kopf, oder spüren Sie es mehr im Bauch, daß Sie Schwierigkeiten mit Ihrem Kopf haben, obwohl Sie vielleicht gelesen oder gehört haben, daß Kopfschmerzen etwas mit Nervosität zu tun haben? Wenn Sie ein Magengeschwür entwickeln, denken Sie, das Problem sei in Ihrem Bauch zu suchen? Kommen Sie auf die Idee, die Kopfschmerzen oder das Magengeschwür könnten Teil eines größeren Zusammenhangs sein, der ein gekipptes Becken, begrenzte sexuelle Erregbarkeit, sexuelle Frustration und Wut mit einschließt?

Es gibt einen tiefgreifenden Irrtum im zeitgenössischen Verständnis des Körpers, der von der modernen Medizin nach Kräften gefördert wird. Dieser Irrtum besteht darin, daß einzelnen Körperteilen wesentlich mehr Aufmerksamkeit und Beachtung geschenkt wird als dem Organismus als einem Ganzen.

Wissen entsteht aus Verwunderung, aus Fragen, die wir in bezug auf die Phänomene stellen, die uns beschäftigen. Unsere Fragen führen zu Meinungen, Vermutungen, Theorien, die alle mehr oder weniger richtig oder wahrscheinlich oder vielleicht nur eben möglich sind. Im Verlauf der Jahrhunderte sind bestimmte Fragestellungen und die verschiedenen Versuche ihrer Beantwortung in einzelnen Wissenschaftszweigen zusammengefaßt worden. Galilei, der Vater jener analytischen Denkformen, die in der modernen Medizin dominieren, beschäftigte sich zunächst mit dem Rhythmus der pendelnden Lampe im Allerheiligsten des Doms von Pisa. Abbé Mendel legte den Grundstein für die moderne Genetik, indem er Jahre damit verbrachte, die Farbmuster von Erbsenblüten zu beobachten. Vesalius und Leonardo da Vinci staunten über die Komplexität menschlicher Bewegung und begründeten die Anatomie.

Von einigen bemerkenswerten Ausnahmen abgesehen, versagt unser Schulsystem bei der Aufgabe, den Prozeß zu vermitteln, der von den Fragen zu möglichen Antworten führt. Statt dessen werden die zeitgenössischen Antworten als *Wissen* hingestellt und gelehrt, so als lieferten sie ein Bild von dem, was ist. Studenten wird beigebracht, daß ihr Körper jene Ansammlung fragmentierter Systeme *ist*, als die er von den heute gebräuchlichen Anatomiebüchern dargestellt wird. In Wirklichkeit ist diese Sichtweise jedoch nur *eine* Erklärung für das Phänomen des menschlichen Körpers.

Im Mythos von Frankenstein verdichtet sich die Illusion des medizinischen Modells vom Körper. Frankenstein glaubt, einen Menschen zusammensetzen zu können, weil die Medizin ihn gelehrt hat, daß der Mensch eine „unglaubliche Maschine" sei. Könnte man nur alle Teile beschaffen, sie richtig zusammenfügen und sie dann mit Energie aufladen, hätte man einen Menschen.

Dieses unausgereifte Bild vom Körper baut unwissentlich auf den Grundsteinen moderner Wissenschaft auf, wie sie im 17. Jahrhundert besonders durch Descartes und Galilei gelegt wurden. Galilei schockierte die christliche Welt, indem er das Teleskop der Bibel gegenüberstellte. Descartes trug zu diesem Schock bei, indem er die Subjektivität menschlichen Fühlens und Wahrnehmens aus dem Bereich gedanklicher Verläßlichkeit verbannte. Die Bühne war frei für die Entstehung einer modernen Wissenschaft, die sich darin einig war, daß die einzige Methode zur Erlangung gültigen Wissens auf der exakten Messung von Materie in Bewegung basierte, unabhängig von menschlicher Wahrnehmung, Gefühlen und Werten.

Wie heute gab es auch im 17. Jahrhundert das Bedürfnis, Erfahrung von etablierten Dogmen und Ansichten des „gesunden Menschenverstandes" über das Wesen der Realität zu befreien. Aus der Befreiung wurde jedoch Metaphysik: Das Modell, das man von der Wirklichkeit, insbesondere der menschlichen, entwarf, beruhte auf der Trennung von Geist und Materie.

Das Modell des Körpers, das ich hier diskutiere, ist ein Überbleibsel jener Zeit. Die neueren Entwicklungen in der Physik, der Chemie, in Psychologie und Philosophie weisen alle auf die Unrichtigkeit dieses Modells hin. Weder das öffentliche Bewußtsein noch medizinisches Denken haben jedoch damit Schritt gehalten — oder weit genug zurückgedacht.

Mit einer Woche Abstand von der dritten kam Ray zu seiner vierten Sitzung. Nach seinen ersten drei Rolfings hatte er noch zwei Tage lang leichte Schmerzen gehabt. Er ging wieder zur Universität, wo er eine Menge nachzuholen hatte, und erlebte, wie seine alten Schmerzen auf der linken Seite erneut auftraten. Mittwochs war er bewußtlos geworden und eine lange Treppe hinabgestürzt. Er berichtete, daß er wenigstens fähig gewesen sei, täglich einen ausgedehnten Spaziergang zu machen. „Nach einer Weile habe ich manchmal starke Schmerzen, aber ich gehe trotzdem noch weitere vier." Ich riet ihm, auf seinen Körper zu hören, sich von ihm erziehen zu lassen. Lachend antwortete er, daß er seinen Körper immer nur angetrieben habe, daß er jedoch verstehe, was ich meinte. Er erzählte auch, wieviel Spaß es ihm machte, sich Zeit für sich zu nehmen und täglich eine Weile nur zu liegen und zu atmen.

Er war allerdings sehr irritiert über eine Veränderung in seinem Verhältnis zu Menschen. „Ich war früher wie eine Schildkröte. Ich war in meinem Panzer, konnte andere Leute nicht leiden und hatte keine Lust, irgendwelche Beziehungen aufzunehmen. Auf der Oberschule habe ich mich langsam verändert; ich begann, Freude am Kontakt zu haben. Aber jetzt bin ich wieder am Anfang. Ich mag die Leute nicht." Ich fragte ihn, ob er sich vorstellen könne, mit anderen Menschen auf dieselbe Weise zusammen zu sein, wie er es täglich mit sich selbst tat, nur da zu sein, wie er sich gerade fühlte. „Nein, ich will immer etwas für sie tun. So bin ich nun mal." Ich fragte, wie es für ihn sei, wenn jemand einfach nur bei ihm sei, gleichgültig, ob er sich nun traurig, glücklich, deprimiert oder sonstwie fühle. „Das mag ich. Das bedeutet für mich, daß er mir vertraut."

Das allgemeine Ziel des Rolfing besteht in einer Veränderung der bisherigen Körperstruktur: alte Streßfaktoren, alte Haltungen und alte Muster in der Art, wie jemand körperlich mit der Welt in Beziehung tritt, werden abgebaut. Alles, was auf einer Ebene menschlicher Existenz geschieht, hat jedoch Folgen für alle anderen Ebenen. Nach den ersten

Rolfing-Sitzungen berichten die Klienten häufig über Gefühle von Orientierungslosigkeit, Launigkeit oder Fremdheit in der Welt. Sie fühlen sich nicht in der Lage, sich gegenüber anderen Menschen zu verhalten wie zuvor. Manche haben den Eindruck, ihre Körperteile paßten nicht mehr zusammen; sie fallen häufig hin oder renken sich irgendwelche Wirbel aus, wenn sie versuchen, körperliche Arbeit auf die gewohnte Weise zu verrichten. Häufig sagen sie, sie fühlten sich wie Babys kurz nach der Geburt.

Um zu erklären, was der Prozeß des Rolfings bewirkt, möchte ich mich auf eine alte Methode beziehen, die menschliche Existenz zu analysieren. Sie geht davon aus, daß es jedem von uns möglich ist, drei qualitativ unterschiedliche Ebenen der Erfahrung zu erleben: (1) In seltenen Augenblicken nehmen wir uns als Teil des Universums wahr; so wie wir sind, empfinden wir uns als wertvoll und mit der Welt im Einklang. Man nennt dies traditionell unser „essentielles Selbst", das uns in sogenannten „peak experiences", also außergewöhnlichen Erfahrungen, bewußt wird. Es sind mystische Bewußtseinszustände oder Momente künstlerischer Erleuchtung und Kreativität. Auf körperlicher Ebene sind sie verbunden mit Wohlbefinden, Leichtigkeit, Beweglichkeit und dem Gefühl großer Kraft. (2) Eine weitere Ebene der Erfahrung liegt in dem Bewußtsein völliger Unzulänglichkeit. Dies ist die Ebene von Selbstzweifeln, Depressionen und Verzweiflung. Körperlich findet sie in starkem Schmerz, verzerrter Struktur und Narben ihren Ausdruck. (3) Die verbreitetste Erfahrungsebene ist das Selbst, das wir in unserem alltäglichen Leben nach außen hin zeigen. Es dient dazu, den Selbsthaß der zweiten Ebene im Verborgenen zu halten, der aus dem Vergessen unseres essentiellen Selbst erwächst. Auf dieser Ebene tun wir so, als sei alles in Ordnung, obwohl das in Wirklichkeit nicht der Fall ist. Wir verstecken unsere Wut und Feindseligkeit und sind höflich und manipulativ. Im Körper ist dies die Ebene muskulärer Verspannungen, mit denen wir uns gegen tieferes Unbehagen schützen.

Jeder Mensch erlebt jede dieser drei Ebenen dann und wann. Eine dieser Ebenen ist allerdings charakteristisch für unsere Grundeinstellung gegenüber dem Leben. Die meisten Menschen leben überwiegend auf der dritten Ebene, nur kurzzeitig unterbrochen von depressiven Phasen, psychotischen Episoden oder Angstzuständen. Einige von uns verbringen einen Großteil ihres Lebens auf der zweiten Ebene, meistens in Kliniken oder Anstalten. Nur sehr selten kommt es vor, daß jemand sich überwiegend auf der ersten Ebene befindet.

Diese Ebenen drücken sich nicht nur unmittelbar im Körper aus, sondern auch im Verlauf des Rolfings. Ray, zum Beispiel, präsentiert sich der Welt mit einer Reihe von Haltungen, die dem Durchschnittsmenschen den Eindruck von Gesundheit, Vitalität, Lebensfreude und Kraft vermitteln. Aber die Außenseite seines Körpers dient dazu, das Elend zu verbergen, das er viele Jahre lang empfunden hat. Im Prozeß des Rolfings wird er der Hülle seiner muskulären Kompensationen entkleidet, das wirkliche Elend wird damit zugänglich, so daß er schließlich die Ebene körperlichen Seins erreichen kann, die Wohlbefinden und ein Maximum an Energie ohne Mühsal ermöglicht.

Diese Dreiteilung soll kein „Bild" vom Menschen, sondern einen Schlüssel liefern, mit dem die Türen zu unserer Existenz erschlossen werden können. Es ist hilfreich, sich bewußt zu machen, daß viele Menschen sich gegen die Schmerzen geschützt haben, die ihnen zum Beispiel durch schwere Unfälle zugefügt wurden. Wenn man jetzt beginnt, den Körper zu öffnen, um zu einer Ebene mit mehr Energie vorzudringen, treten oft die ursprünglichen Schmerzen wieder auf, die abgewehrt wurden. Eine 30jährige Frau hatte im Alter von fünfzehn Jahren eine ernsthafte Rückenverletzung erlitten, die schwache, aber chronische Rückenschmerzen zur Folge hatte. Nach ihrer ersten Rolfing-Sitzung trat der Schmerz in seiner ursprünglichen Intensität wieder auf. Mein Ziel bei der Arbeit war es, ihrem Körper ein freieres Funktionieren zu ermöglichen, was für sie unerreichbar war, solange sie diese Erfahrung vermied. Also arbeitete ich an den tiefsitzenden, durch den Unfall verursachten Verzerrungen, die zu einer Reihe von Kompensationen geführt hatten.

Es gibt viele Ansichten, die der geläufigen Anschauung vom Körper als einer unglaublichen Maschine aus vielen Teilen widersprechen. Das chinesische System mit seinen in der Akupunktur bedeutsamen Meridianen und das indische System mit den Chakras gründen in jahrhundertelangen Beobachtungen der Kanäle des Energieflusses durch den Körper. Im Westen gab es das Modell der Alchimisten, das auf dem Prinzip der Harmonie zwischen Mikro- und Makrokosmos aufbaute.

Die Grundlage des Phänomens, über das ich rede, liegt in jenem System des Körpers, das aus dem Mesoderm entsteht, einer primitiven Schicht von Zellen, die sich in den frühesten Differenzierungsphasen des befruchteten Eis bildet. Sie enthält die Anlage für Faszien, Muskeln,

Sehnen, Bänder, Knorpel und Knochen. Es sind die Beziehungen dieser Elemente zueinander, die die Struktur des Körpers formen. Sie bestimmen, wie der Körper eines Menschen aussieht und wie er funktioniert. Sie entscheiden auch über die relative Position und die Funktion anderer Elemente des Körpers wie Nervensystem, Blutbahnen, Verdauungsorgane, Lymphsystem und Atemwege. Mit Ausnahme von Muskelgewebe setzt sich alles Gewebe aus demselben Grundstoff zusammen: Eiweißfasern — Collagen genannt —, elastischen und retikulären Fasern sowie gallertartigem Material. Eine Art von Gewebe, zum Beispiel eine Sehne, unterscheidet sich von einer anderen, zum Beispiel einem Knochen, in dem relativen Verhältnis dieser Komponenten.

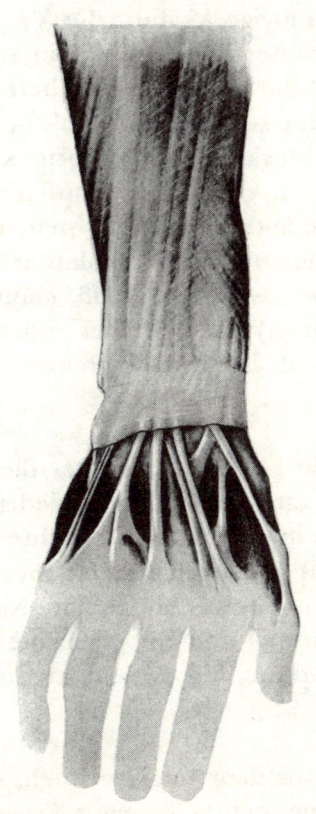

Faszien sind ein vergessenes Körperorgan. Sie beginnen direkt unter der Haut und bilden eine innere Hülle um den ganzen Körper. An bestimmten, für die Funktion des Körpers wichtigen Stellen verdicken sie sich zu ringförmigen Bändern zur Stabilisierung von Sehnen in der Nähe von Gelenken, wie zum Beispiel dem Hand- oder Fußgelenk, oder sie bilden breite Flächen, die man Aponeurosen nennt. Die Illustration verdeutlicht, wie sich bei vielen Menschen die oberen Faszien des Unterarms am Handgelenk verdicken. An anderen Stellen versenken sie sich, um sich mit einer tieferen Schicht von Faszien zu verbinden, die ihrerseits den Körper auf einer tieferen Ebene umgeben. Beim Embryo entwickeln sich einzelne Muskelfasern innerhalb einer Faszienhülle, formen Bündel, die wiederum von Faszien umschlossen sind.

Faszien sind das vorrangige Medium für Veränderungen im Körper, sei es zum Guten oder zum Schlechten. Ein schwerer Beinbruch beispielsweise bewirkt, daß die Faszien in dem betroffenen Bereich ähnlich wie Knorpel werden. Ein solcher „Knoten" behindert die Bewegungsfreiheit angrenzender Muskeln. Andernorts kann Bewegungsmangel oder schlechte Haltung zu einem Schrumpfen der Faszien und einem Verkleben mit Muskeln und Knochen führen, was gleichfalls den Bewegungsspielraum einengt und die Zirkulation der Körperflüssigkeiten hemmt. An vielen Stellen, wie dem Gesäß, kann die Faszienhülle einer Muskelgruppe (mm. glutaei) mit der einer anderen (m. biceps femoris) verwachsen; das Resultat ist eine begrenzte Bewegungsfähigkeit in diesem Gebiet.

Dies ist die klassische Lehrmeinung über die Faszien: „Die Faszien bilden, im unsezierten Zustand, auf verschiedenen Ebenen eine Hülle aus Bindegewebe, die in ihrer Stärke und Dichte von Ort zu Ort variiert. Sie bedeckt und umhüllt alle sogenannten höheren Strukturen wie Muskeln und Sehnen, Schleimbeutel, Blutgefäße, Nerven, Eingeweide, Bänder, Gelenke, sogar Knorpel und Knochen, die letzteren in enger Verbindung mit Perichondrium und Periost zwischen den Ansätzen der Muskeln."[2]

Dieses Zitat stammt aus dem einzigen Buch, das jemals über Faszien geschrieben wurde, wenn man von einer Erweiterung durch Edward Singer, einen Schüler des Autors absieht. Und dennoch sind die Faszien das Organ, das dem Körper Einheit gibt. Es liefert die Grundlage für einen funktionierenden Stoffwechsel, einen stabilen Kreislauf und gesunde Nerventätigkeit. Verkürzungen und Verdickungen von Faszien bewirken Verzerrungen im ganzen Körper. Durch das Lockern und Bewegen der Faszien kann man den Körper radikal verändern.

Unser Sprachgebrauch verleitet dazu, verschiedene Aspekte des Körpers als einzelne, miteinander in Verbindung stehende Teile zu begreifen. Wenn Sie sich die Dinge jedoch aus der Nähe betrachten, zum Beispiel den Ansatz des Brustmuskels mittels der dazugehörigen Sehne am Oberarmknochen (vgl. Abbildung auf Seite 14), dann werden Sie keine Reihe miteinander verbundener Einzelteile finden. Zum Ende des Muskels hin, der ja selbst ein Bündel von in Faszien eingebetteten Fasern ist, tritt eine Verdickung der Fasern auf, die dann fließend in das übergehen, was man Sehne nennt; diese wiederum beginnt sich aufzufächern, verwandelt sich in das sogenannte Periost, die Faszienhülle des Knochens, die mikroskopisch vom Knochen selbst nicht unterscheidbar ist.

Die Struktur des Körpers ergibt sich im Grunde nur aus einer funktionellen Differenzierung des gleichen Ausgangsmaterials. An Stellen extremer Belastung verdickt sich das Gewebe aufgrund einer Zunahme der collagenen Anteile. An Orten, an denen Härte notwendig ist, werden Kalziumsalze vom Blut angeliefert, und man hat einen Knochen. Wieder andere Bereiche machen die Flexibilität eines weichen, von Faszien umgebenen Muskels erforderlich.

„Wenn man sich das myofasziale System als ein funktionelles Ganzes vorstellt und nicht als einen nur additiven Gewebekomplex, wird offensichtlich, daß es sich dabei um ein unterstützendes Organ handelt — ein elastisches, einheitliches Gerüst, das Bewegungen einleitet, überträgt und begrenzt und darüber hinaus alle anderen Körperteile umgibt und stützt. Muskeln funktionieren als ein untereinander verbundenes und balanciertes System und nicht als vereinzelte Motoren für verschiedene Teile des Körpers. Sie sind eher physiologische Systeme als anatomische Elemente. Das myofasziale System und seine entsprechende neurale Versorgung bestimmen die räumliche Bewegung der Gelenke und von daher sowohl die Richtung als auch die Qualität aller Bewegungen. Umgekehrt wirkt Bewegung als eine Art Pumpmechanismus; deshalb ist das myofasziale System ein bedeutender Faktor für den Austausch von Flüssigkeiten auf allen Ebenen des Organismus. Aus diesem Grund spielt das myofasziale System eine entscheidende Rolle für den Stoffwechsel in einzelnen Bereichen und im Körper als Ganzem. So wird es zu einem vitalen Faktor für die bioenergetische Regulation des Körpers und sein homöostatisches und thermodynamisches Gleichgewicht."[3]

Ich arbeitete einmal mit einem 13jährigen Jungen, der an der Osgood-Schlatter-Krankheit litt, einer geheimnisvollen Entzündung von Knochen und Bindegewebe am Ansatz des Oberschenkelmuskels direkt unter der Kniescheibe. Sie verursachte derartige Schmerzen, daß der Junge jede sportliche Betätigung aufgeben mußte. Er lebte auf einem Gehöft ein paar Autostunden außerhalb von Santa Fe, so daß es für ihn schwierig war, in meine Praxis zu kommen. Als ich versuchte, den Verlauf des Rolfings zu beschleunigen, fiel ich zurück in meinen alten, kurzsichtigen Zugang zum Körper und achtete hauptsächlich auf die Beine. Eines Tages wies mich meine Frau Elissa darauf hin, wie weit sein Kopf nach vorn geschoben sei und daß er seinen Oberschenkelmuskel anspannen müsse, um sich beim Laufen aufrecht zu halten. Wir verbrachten eine ganze Sitzung damit, seinen Hals zu dehnen und in eine Position zu bringen, in der er bequemer auf seinen Schultern ruhen konnte. In dem Jahr, das seither vergangen ist, hatte er keine Schmerzen im Knie mehr.

Unser auf Unterteilung abzielendes Denken, das wir von Descartes und seinen Nachfolgern geerbt haben, geht uns buchstäblich bis ins Mark. Während es sinnvoll ist, zwischen verschiedenen Körperteilen zu unterscheiden, wie es auch nützlich ist, emotionale und physiologische Erscheinungen voneinander zu trennen, verfällt man einem Irrtum, wenn man diese Unterscheidungen für ein Bild von der Wirklichkeit hält. Aufgrund unserer verführerischen Sprachstruktur meinen wir, es gäbe so eine *Sache* wie ein Gefühl, eine weitere *Sache* sei das Nervensystem und noch eine andere *Sache* sei ein verspannter Muskel. Der Mensch ist wie eine Pflanze, deren von ihrem Nährboden kaum unterscheidbare Fibrillen in die Wurzeln übergehen, welche sich zum Stamm verdichten, der sich dann wiederum in Äste, Blätter und Blüten differenziert und sich in dem ihn umgebenden elektrischen Feld fortsetzt. Spirituelles Bewußtsein, Emotionen und Gefühle, Intelligenz, physiochemische Funktionen, Muskeln und Skelett sind alle nur Standpunkte, von denen aus man die einheitliche Wirklichkeit unserer Existenz untersuchen kann.

Bemerkenswerterweise ist der Stoff, aus dem wir gemacht sind, hochgradig elastisch. Die Zusammensetzung allen Bindegewebes im Körper ist gleich. Die Gewebe variieren hinsichtlich ihrer Elastizität, angefangen bei den relativ unelastischen Knochen bis hin zu den extrem elastischen faszialen Hüllen der Muskelfasern.

„Und was ist mit den Knochen? Sie sind doch starr." „Mein Rücken ist ziemlich krumm, aber ich glaube, daran ist nichts zu ändern. Es liegt an der Wirbelsäule."

„Die vertrockneten, rigiden, nackten Knochen eines präparierten Skeletts haben keine Ähnlichkeit mit den Qualitäten eines lebendigen Knochens. Diese sind von vaskulären Membranen umgeben, dem Periost, und haben zahlreiche Blutgefäße an ihren Enden; sie sind mit großer Elastizität ausgestattet, wie sich an der Spannkraft eines Schlüsselbeins oder durch Zusammendrücken und Loslassen des Gabelbeins von einem Huhn zeigen läßt. Sie sind in der Lage, die schwersten Wiederherstellungsarbeiten an einem Bruch zu leisten, bis der Knochen wieder wie neu ist, und die feine Architektur seiner Struktur auf den Umgang mit neuen Belastungen einzurichten . . . "[4]

Diese elastischen Elemente der Körperstruktur bilden ein zur Veränderung fähiges Netzwerk. Man denke nur an die vielfältigen Möglichkeiten zur Bewegung, Anpassung, Zerrung und Veränderung im Bereich von Gelenken.

Es gibt Gelenke, die den meisten Menschen bewußt sind: Ellbogen, Handgelenke, Knie, Fußgelenke, Hüften usw. An jeder dieser Stellen besteht die Möglichkeit zur Veränderung, wie Ihnen unzweifelhaft deutlich wird, wenn Sie sich zum Beispiel den Fuß verstaucht haben.

Weniger bekannte Gelenke finden sich in Füßen und Händen. Es gibt 28 Fußknochen mit 32 Gelenken. Stellen Sie sich einmal vor, wie viele Möglichkeiten zur Veränderung eine derartige Struktur bietet! In der Hand gibt es 27 Knochen mit 32 Gelenken.

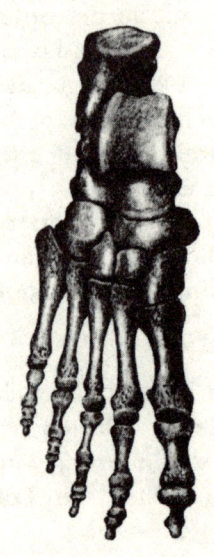

Die Wirbelsäule hat 134 bewegliche Gelenke, die Bandscheiben *nicht* mitgezählt. Jede der oberen zehn Rippen hat an zwei Punkten Bewegungsfreiheit: an ihrer Verbindung mit der Wirbelsäule und an ihrer vorderen Befestigung am Brustbein, beziehungsweise am Rippenbogen.

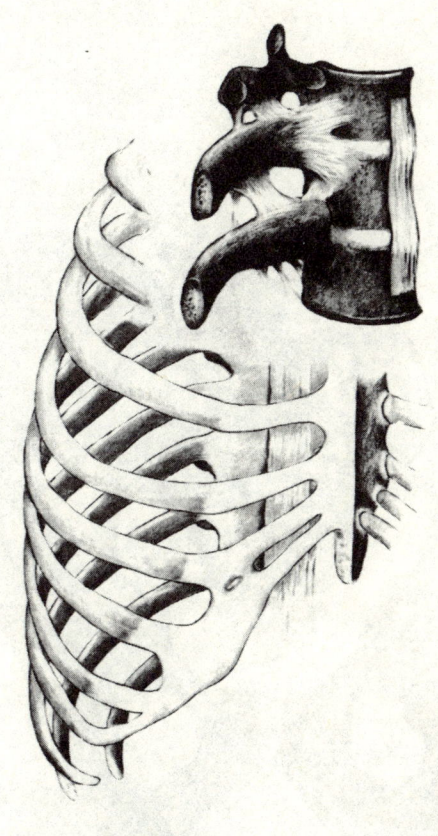

„Aber wenigstens Becken und Schädel sind fest." Zum Teufel, nein!
Nichts ist unbeweglich. Es gibt im Becken drei Gelenke, eins in der
Mitte des Schambeins und zwei an der Verbindung zwischen dem
unteren Teil der Wirbelsäule und den beiden Beckenknochen. Verschiedene Fachleute haben festgestellt, daß man mit entsprechender Behandlung, Atmung und Bewegung diese Gelenke sein ganzes Leben lang beweglich halten kann.

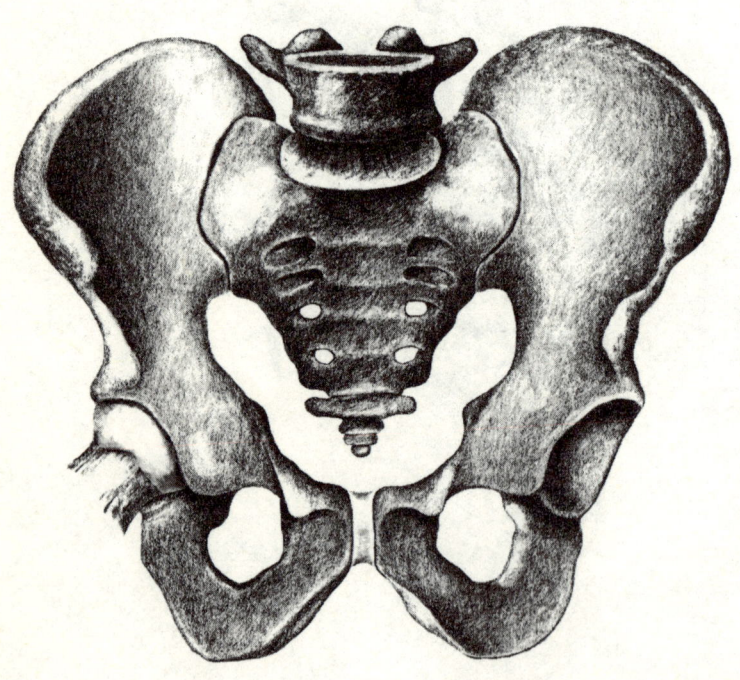

Der Schädel besteht aus 16 Knochen, den Unterkiefer nicht mitge-
rechnet. William Sutherland, ein Schüler von Andrew Still, dem Begründer der Osteopathie, entdeckte, daß man die beinahe fünfzig Gelenke
dieser Struktur, die beim Kleinkind beweglich sind, mit richtiger Behandlung auch beim Durchschnittsmenschen beweglich halten kann.

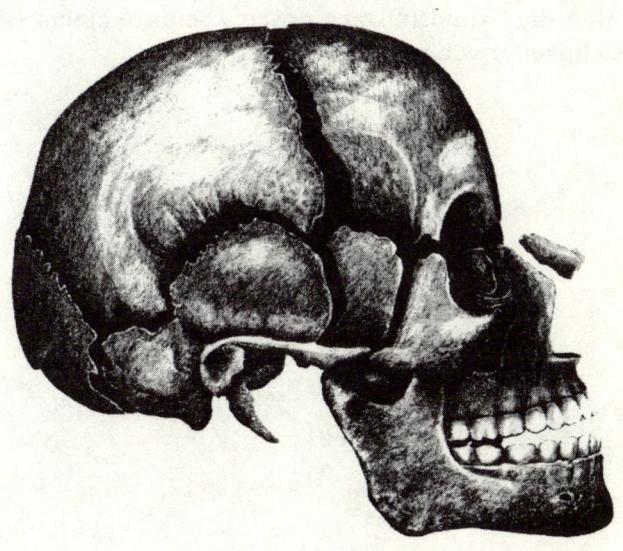

Da haben Sie Ihre solide Körperstruktur: Hunderte von elastischen Knochen, von denen jeder einzelne durch Druck verzerrt, gebrochen, gekrümmt und verdreht werden kann. Sie alle sind mit Hunderten von Gelenken miteinander verbunden, an denen unendlich viele Bewegungen stattfinden können, Verschiebungen, Drehungen und nachfolgende Korrekturen eingeschlossen. Sie sind noch die stabilste Komponente unseres Proteus-Körpers.

Die anderen Aspekte der Körperstruktur — die aus Knorpel bestehenden Teile der Gelenke, die Bänder, von denen die Gelenke zusammengehalten werden, die Sehnen, die die Muskeln mit den Knochen verbinden, die allgegenwärtigen Faszien — sind noch viel elastischer und deshalb durch Belastungen, Unfälle, Dehnungen, Zerrungen und Manipulationen aller Art weitaus leichter zu verändern.

Es ist erstaunlich, daß wir heute noch so ähnlich aussehen wie letzte Woche. Vom Augenblick der Befruchtung des mütterlichen Eis bis heute befindet sich die Grundsubstanz unseres Seins in einem ständigen Fluß und wird sich weiter verändern, bis wir sterben.

3
Persönliche Geschichte

In diesem Augenblick ist Ihre körperliche Form das einzigartige Ergebnis Ihrer persönlichen Geschichte: Eltern, Schwangerschaft und Geburt, häusliche Umgebung, Unfälle, Krankheiten, wie Sie gelernt haben, Ihren Körper zu benutzen. Ihr Körper ist Ihr Familienalbum, Ihr persönliches Tagebuch.

Katherina ist eine gutaussehende, obwohl schon 74jährige Dame. Sie stammt aus Boston, ließ sich aber 1945 in Oklahoma nieder. Ihrer Tradition als Yankee getreu hatte sie sich nie auf eine emotionale Therapie eingelassen. Aber die Pflege ihrer fünfzig Hektar Land mit Obst- und Gemüsegärten strengte sie zunehmend an. Einer ihrer jüngeren Bekannten schlug ihr vor, sich rolfen zu lassen. Seit einiger Zeit war ihr Bauch deutlich angeschwollen; die Ärzte konnten jedoch weder Anzeichen für Krebs finden, noch gelang es ihnen, den Tumor zu lokalisieren. Ihr Hausarzt empfahl ebenfalls Rolfing. Ihr kraftvoller, trainierter Körper reagierte sofort auf die Behandlung.

In ihrer ersten Sitzung mit mir erwähnte sie, daß sie unter ihren Klassenkameraden in der Oberschule und an der Universität immer die größte gewesen sei. Da sie deutlich kleiner war als ich mit meinen 1,77 m, ging mir durch den Kopf, daß die Durchschnittsgröße von Frauen seit ihrer Zeit um einiges zugenommen haben müsse. Wie dem auch sei; als sie sich nach ihrer fünften Sitzung vom Tisch erhob, war sie etwas größer als ich. Sie begann auszusehen, wie die hochgewachsene, anmutige Dame, die sie einmal gewesen war.

In der Nacht darauf träumte sie von ihrer Mutter, die ihre Hand auf ihren Bauch legte und sagte: „Jetzt kannst du auch Krebs bekommen, Kathie, genau wie ich." Während des ganzen folgenden Tages weinte sie. Ihr fiel wieder ein, daß sie im Alter von zwanzig Jahren die einzige aus ihrer Familie gewesen war, die sich um ihre sterbende krebskranke Mutter kümmerte. Sie hatte sich dagegen innerlich aufgelehnt, den Gestank und das Durcheinander gehaßt. Und als die Mutter schließlich starb, entwickelte sie deswegen starke Schuldgefühle.

Nach ihrer siebten Sitzung, während der ich an ihrem Hals und Kopf gearbeitet hatte, war ihr den ganzen Tag lang so, als liefe vor ihrem inneren Auge ein Film über ihr gesamtes Leben ab. Sie durchlebte ihre Geburt, sah sich selbst in der Wiege und erlebte Situationen aus ihrer frühen Kindheit.

Während Sie dieses Kapitel lesen, lassen Sie Ihre Gedanken in jene Tage zurückschweifen; erinnern Sie sich an die Wohnung oder das Haus, in dem Sie als Kind lebten; rufen Sie sich ins Gedächtnis, wie Ihre Eltern aussahen und welche Kleider sie trugen. Suchen Sie alte Fotografien heraus und betrachten Sie Ihren eigenen Körper in seiner frühen Form und auch die Körper Ihrer Eltern.

„Das Neugeborene ist mitnichten jenes unbewußte kleine Ding, für das wir es so lange gehalten haben. Wir haben angenommen, ein Baby könne nach der Geburt weder fühlen, sehen, hören, noch habe es Emotionen. Das Gegenteil ist wahr . . . Das Baby verfügt noch über ein weit offenes, unkonditioniertes Bewußtsein; und das macht die Geburt so traumatisch. Sein Bewußtsein ist ungeschützt und völlig aufnahmebereit. Es nimmt alles ohne irgendeine Auswahl in sich auf."[5]

Persönliche Geschichte beginnt vielleicht so: Ich befinde mich in einer dunklen, behaglich weichen Umgebung. Alles ist sehr angenehm, abgesehen von dem gelegentlichen Krach da draußen, wenn Papa und Mama sich über irgend etwas streiten. Außerdem ist mir so, als läge zunehmend mehr Nervosität in der Luft. Mama kriegt ein bißchen Angst vor der ganzen Geschichte. Das macht mir auch Angst. Nachdem alles sehr eng und beängstigend geworden ist, finde ich mich auf einmal in einem kalten Zimmer mit blendendem Licht und eigenartigen, weiß gekleideten Leuten wieder. Ich spüre, daß Mama, obwohl sie nur halb bei Bewußtsein ist, fürchterlich viel Angst und Schmerzen hat. Ich glaube, ich habe sie fast umgebracht. Was bin ich eigentlich für ein Ungeheuer?

Jetzt haut mir jemand auf den Hintern und hält mich kopfüber an den Füßen hoch. Ich werde weggetragen und in ein Zimmer gebracht, in dem noch mehr solche jaulenden Dinger wie ich sind. Von Zeit zu Zeit kriege ich eine warme Brust, die sich wirklich gut anfühlt. Aber die ganze Geschichte hat mich doch ziemlich verstört. Ich fühle mich schon etwas angespannt in meinem Körper. Wegen dem Lärm und der Nervosität, die durch den Bauch meiner Mutter drangen, habe ich mich ein bißchen zusammengekauert, um nicht allzuviel davon mitzukriegen. In diesem fürchterlichen Kreißsaal habe ich außerdem vor lauter Schreien meinen Nacken total verspannt.

Ein paar Tage später werde ich aus dem Krankenhaus getragen. Sie bringen mich ins Haus meines Großvaters, wo Mama und Papa wohnen. Hier stimmt etwas nicht. Mama und Papa kommen nicht gut miteinander aus. Papa ist nur selten zu Hause. Er arbeitet eine Menge und verbringt dann viel Zeit mit anderen Männern, mit denen er befreundet ist. Mama ist über Großvater auch nicht gerade glücklich, weil der fast so hilflos ist wie ich. Jetzt hat sie also drei Männer, die ihr zur Last fallen. In was bin ich da hineingeraten? Manchmal jammere ich, wenn ich naß bin und hungrig oder wenn ich mich unwohl fühle. Mama macht sich Sorgen. Ich will dir doch keine Sorgen machen, Mama, ich will nur was zu essen. In manchen Augenblicken lächele ich einfach und bin ihnen gegenüber völlig offen. Die wissen gar nicht, wie sie das alles handhaben sollen. Sie machen eine Menge blöde Hu-hu-Spielchen mit mir. Ich kriege langsam die Tricks raus, die ich anwenden muß, um Zärtlichkeit und Zuwendung von ihnen zu kriegen. Wenn ich irgend etwas will, mache ich ein ganz liebes Gesicht oder schreie mir die Kehle aus dem Leib. Ich komme allmählich zu der Überzeugung, daß das Leben beschissen ist; die einzige Chance, damit klarzukommen, besteht darin, eine Menge Spiele zu spielen. Ich glaube, einfach nur zu *sein*, verschafft einem nicht allzu viel Wärme und Aufmerksamkeit. Ich bin jetzt sechs Wochen alt und habe mich entschieden, ein Leben voller Selbstbetrug zu führen und Stück für Stück zu vergessen, wer ich wirklich bin. Und, bei Gott, ich werde mein schlaues Köpfchen benutzen und beweisen, daß ich recht habe.

Dieses Buch handelt von der radikalen Veränderbarkeit unserer Existenzgrundlage; wenn wir sie begreifen, eröffnen sich ungeahnte Möglichkeiten im Leben. Das größte Hindernis für ein derartiges Verständnis liegt in dem Weltbild, das Sie und ich vor einer so langen Zeit entwickelt haben, daß wir nicht mehr wissen, daß es sich nur um einen Gesichtspunkt handelte, und es mit der Realität verwechseln. Der Gesichtspunkt, der meiner Erfahrung nach ziemlich verbreitet ist, hört sich so an: Das Leben ist von seinem miserablen Anfang bis zu seinem miserablen Ende im Grunde beschissen. Man kann damit umgehen, indem man sich einfach darauf einläßt; das bringt nichts, weil das Leben einfach zu miserabel ist. Oder man kann es überspielen, indem man sich verstellt. Oder — wenn man ein geschliffener Intellektueller ist, ein Freudianer und Anhänger der griechisch-römischen Stoiker — man kann das Leben akzeptieren, ohne sich von ihm stören zu lassen; man kann sich bewußt auf ein Leben voller Leid einstellen und sich nicht von falschen Hoffnungen täuschen lassen.

Der Haken dabei ist allerdings, daß wir uns viel mehr Mühe geben, zu beweisen, daß unser Standpunkt richtig ist, als die Erfahrung zu machen, daß ein befriedigenderes Leben möglich ist.

Ich bin vier Jahre alt. Meine komische schwedische Großmutter paßt nachmittags auf mich auf. Aus dem einen oder anderen Grund stinkt sie mir manchmal. Ich gehe in die Küche, hole mir ein Schlachtermesser und jage sie. Sie rennt zur Hintertür hinaus und verschließt sie, so daß ich drinnen eingesperrt bin. Ich schiebe den Riegel von innen vor und laufe, schlau wie ich bin, aus der vorderen Tür hinaus und ums Haus herum. Als ich um die Ecke komme, knalle ich voll mit meiner Mutter zusammen, die wieder ihren altbekannten Ausdruck des Schreckens im Gesicht trägt. Sie nimmt mir das Messer weg und haut mich windelweich. Kürzlich habe ich sie gefragt, wie sie sich eigentlich dabei fühlt. ,,Ich habe ein Monster in die Welt gesetzt!" antwortete sie.

Schon früh in meinem Leben habe ich gelernt, wie ich alles und jeden dazu benutzen kann, zu beweisen, daß ich ein Monster bin, das unfähig ist, fröhlich, zufrieden und kreativ zu leben. Das klappt wirklich mit allen: meinen Eltern, Schwester Vincent, Pater Wall, Carl Rogers und Ida Rolf.

Die Welt ist wie ein Lehrer. Wenn ich ihr zugehört hätte, anstatt immer zu beweisen zu versuchen, daß ich im Recht bin, hätte ich gelernt, daß Reaktionen, die im Mutterleib vielleicht sinnvoll waren, zum Beispiel meine Brust zusammenzuziehen, heute nutzlos sind. Sie verursachen Schmerzen, behindern meinen Atem und haben mir jahrelanges Asthma eingebracht.

„In einem durchschnittlichen Körper ruft jede Bewegung nicht nur in dem unmittelbar betroffenen Muskel (und seinem Antagonisten) eine Reaktion hervor, sondern auch in einer Anzahl anderer Einheiten. Einige dieser begleitenden Muskelgruppen stören oder begrenzen manchmal die Bewegung, anstatt sie zu unterstützen. Die Folge ist ein abweichender Bewegungsfluß, der sogar eine Umkehrung des ursprünglich intendierten sein kann. Es entsteht ein Mißklang von Reaktionen, die die Bewegung verändern oder gar verkehren. Ursprünglich mögen solche kompensatorischen Einschränkungen dem Zweck gedient haben, einen Körperteil zu unterstützen, ihn vielleicht an der Stelle einer Verletzung zu ‚schienen' oder zu entlasten. Jetzt behindern sie jedoch die Bewegung; dieses Hindernis zu umgehen, erfordert eine ermüdende Verschwendung von Energie."[6]

In einem geordneten Körper findet zwar auch überall im Körper eine Reaktion auf die Betätigung einer einzelnen Muskelgruppe statt, aber diese Reaktion ist harmonisch und unterstützend. Wenn ich schreibe oder Klavier spiele, haben die spezifischen Bewegungen meiner Hände und Unterarme eine rhythmische Resonanz im Becken, die sich bis in meine Füße fortsetzt.

Die katholische Kirche trat sehr früh in mein Leben. Natürlich nahm ich zuerst die Lehre von der Hölle in mich auf, obwohl sie kaum einmal erwähnt wurde. War das eine Vorstellung, für alle Ewigkeit dem Feuer ausgesetzt zu sein! Als ich ungefähr vier Jahre alt war, fragte ich meine Mutter, wie es im Himmel aussehe. Sie sagte, dort gäbe es all das, was man sich am meisten wünsche. Ich hatte gerade eine Grippe hinter mir und wünschte mir vor allem Hamburger und Milch-Shakes. Vergleichen Sie jetzt einmal die Vorstellung von unendlich vielen Hamburgern mit Milch-Shakes mit der Vision, für den Rest der Ewigkeit zu verbrennen. Die Hölle schlich sich mit einer solchen Eindringlichkeit in meine Eingeweide, in Träume und Phantasien, daß der Himmel nicht mehr mithalten konnte. Ich legte mich abends ins Bett und machte mir Sorgen, ich könne eines Tages an jenem fürchterlichen Ort landen. Und es ist leicht, dorthin zu kommen, dachte ich. Ich mußte nur einmal lügen, ungehorsam sein oder ein paar Kekse klauen. Später wurde es noch einfacher, in die Hölle zu kommen. Ich brauchte nur zärtlich meine Genitalien zu berühren oder mit Vergnügen meinen nackten Körper im Spiegel zu betrachten.

Während ich aufwuchs, war ich daher immer vorsichtig, nicht in die Hölle zu kommen. Die Fotografien von meiner Kindheit bis ins Alter von dreißig Jahren zeigen dasselbe starre, lächelnde Gesicht: eine feste Maske, die verhindern sollte, daß der Teufel in mir zum Vorschein kam. Und ich umgab meinen Unterleib mit einem derartigen Panzer, daß Ed Maupin, mein Rolfer, zwei Stunden brauchte, um ein paar Adduktoren am Beckenboden zu lockern.

Der Haken war, daß ich längst davon überzeugt war, in meinem tiefsten Inneren ein Ungeheuer zu sein und in die Hölle zu kommen, so vorsichtig ich auch sein mochte. Also spielte ich mein Leben lang den guten Jungen. Aber hinter der Fassade war ich, ohne es zuzugeben, auf dem besten Weg zur Hölle: Als Kind log ich, als Jugendlicher masturbierte ich; und dann kam es ganz dick, als ich, inzwischen Jesuitenpater, eine Affäre mit einer verheirateten Frau hatte; schließlich heiratete ich auch noch eine geschiedene Jüdin. Ich hatte so schlimme Sünden begangen, daß nur ein Abgesandter des Papstes mir hätte vergeben können.

In der vierten Klasse fragte ich meinen Katechismus-Lehrer, Pater Johannes, einmal Folgendes: Angenommen, ich begehe eine Todsünde (mit der man sich einhandelt, auf ewig in der Hölle zu schmoren. Es gibt nur zwei Möglichkeiten von einer solchen Todsünde freigesprochen zu werden: Die erste — für ein Monster wie mich sicher unmöglich — besteht in einem Akt vollkommener Liebe zu Gott und der daraus folgenden Reue; die zweite liegt darin, zu einem Priester zu gehen, zu beichten und sich die Absolution erteilen zu lassen; sie empfiehlt sich, wenn man nur bereut, weil man Angst vor dem ewigen Höllenfeuer hat). Dann gehe ich zur Beichte und bereue nur aus Angst vor der Hölle. Ohne daß ich es weiß, sitzt ein Betrüger im dunklen Beichtstuhl. Ich gestehe ihm meine Sünden und er gibt vor, mir die Absolution zu erteilen.

Ich verlasse die Kirche, werde von einem Auto überfahren und sterbe. Pater, wohin komme ich, in den Himmel oder in die Hölle? Ohne auch nur im geringsten zu zögern, antwortete Pater Johannes: „In die Hölle."

In meinem Körper spiegeln sich diese frühen Eindrücke wider: extreme Spannung hält alles zusammen und hindert die vermutete dämonische Gewalt am Ausbruch. Die in jedem Augenblick vorhandene Angst vor einem solchen Ausbruch veranlaßt mich, alle Gefühle mit großem Kraftaufwand in Grenzen zu halten: Wut, Haß, sexuelle Gefühle, Panik. Tatsächlich hat mich die Hölle immer mehr interessiert als der Himmel. Ein anständiges Leben erschien mir zu langweilig, also tat ich insgeheim alles, um dem Dämon endlich seinen Auftritt zu verschaffen.

Immer wenn ich jemandem begegnete, der mir zu zeigen versuchte, daß das Leben anders sein konnte, als ich meinte, fand mein schlaues Köpfchen ein Haar in der Suppe. Selbstverständlich gibt es niemanden, dessen Genius nicht von irgendwelchen kleinen Schwächen durchsetzt wäre. Die spürte ich immer schnell auf und entwertete so alles Positive. Das machte ich sogar mit meinen ersten Erfahrungen mit Rolfing. Als sich mein Körper durch die Arbeit zu öffnen begann, fühlte ich neue, herrliche Kraft. Gleichzeitig wurden mir meine Blockierungen, Spannungen und Verzerrungen bewußt. „Na, bitte, ich hatte doch recht. Das Leben ist nur ein Haufen Scheiße."

Ich fing an, das Muster in meinem Leben zu erkennen, und entdeckte, wie sehr es auch bei meinen Klienten ausgeprägt war. Wie alles andere kann man auch Rolfing sowohl als eine Bereicherung seines Lebens nehmen, aber auch als einen weiteren Beweis dafür, was für ein Versager man im Grunde doch ist.

Die Welt existiert einfach; mein Körper existiert einfach. Gut und Böse erwachsen aus meiner Einstellung zu ihnen. Ich kann aus jedem Ereignis oder Aspekt meines Lebens etwas Positives oder etwas Negatives machen.

Eins der radikalsten Programme, die unser Leben regieren, ist die Annahme, unser Körper sei etwas Vorgegebenes, das sich — von ein bißchen Flickwerk und Kosmetik einmal abgesehen — nur zum Schlechten hin verändern könne.

Machen Sie einmal eine Übung: Lassen Sie sich ein paar Tage lang die folgenden Fragen durch Ihren Kopf gehen: Welche Grenzen setze ich meiner körperlichen Veränderbarkeit? Wie veränderlich ist mein Körper? Achten Sie darauf, was Ihnen einfällt, wenn Sie sich mit diesen Fragen beschäftigen. Achten Sie besonders darauf, wie Sie sich vielleicht gegen diese Fragen sperren. Schauen Sie sich bei Tageslicht an, ob Ihre Antworten ohne Zweifel Gültigkeit haben oder ob sie darauf beruhen, was „man" sagt.

In der vierten Sitzung mit Ray ging es mir darum, die Arbeit an seinem Becken fortzusetzen. Ich dehnte die Adduktoren, die von unterhalb des Beckens bis kurz unter dem Knie an der Innenseite des Oberschenkels verlaufen. Während der Arbeit schluchzte er leise. Irgendwann fragte ich ihn, ob er zu schnell erwachsen geworden sei. Er kam mir so alt vor und schien so sehr in die Spiele der Erwachsenenwelt verwickelt zu sein. „Natürlich. Sie haben mich ja weggeschickt, als ich im neunten Schuljahr war. Und ich war nie zuvor in einer Großstadt gewesen. Ich hatte nie Kontakt zu Jungen meines Alters. Auch die Mädchen, mit denen ich mich anfreundete, waren alle älter. Außerdem haben wir immer in Kasernen gewohnt. Ich hatte wirklich nicht viel Freude." Ich fragte ihn, welche Gefühle er hinsichtlich der Rolle habe, die seine Eltern dabei gespielt hätten. Hastig antwortete er: „Ich habe sie sehr lieb. Sie sind wunderbare Menschen und waren immer nett zu mir. Sie hatten mit all dem gar nichts zu tun. Sie mußten mich wegschicken." Ich bemerkte, daß man auf andere Menschen wütend sein kann in dem Wissen, keinen rationalen Grund dafür zu haben. „Das stimmt; daran habe ich nie gedacht", antwortete er, und seine Augen fingen an zu leuchten.

Seine Adduktoren waren extrem verspannt. Es war schwierig für ihn, aber er arbeitete gut daran mit, die Muskeln zu dehnen. Wir verabschiedeten uns bis zur nächsten Woche.

Die Adduktoren

Tonus und Struktur der Adduktoren sind von großer Bedeutung für die sexuelle Reaktionsfähigkeit. Diese Muskeln ziehen das Becken häufig so aus dem Gleichgewicht, daß der Beckenboden, d.h. ein Muskel mit dem Namen Pubococcygeus, einer großen Belastung ausgesetzt ist (siehe Abbildung, die das Becken aus der Sicht von oben zeigt). Die Folge ist eine Blockierung sexueller Empfindungen und der Orgasmusfähigkeit. Eine neue Strukturierung der Addutoren läßt den Beckenboden in eine entspanntere Position gleiten und verbessert seinen Tonus.

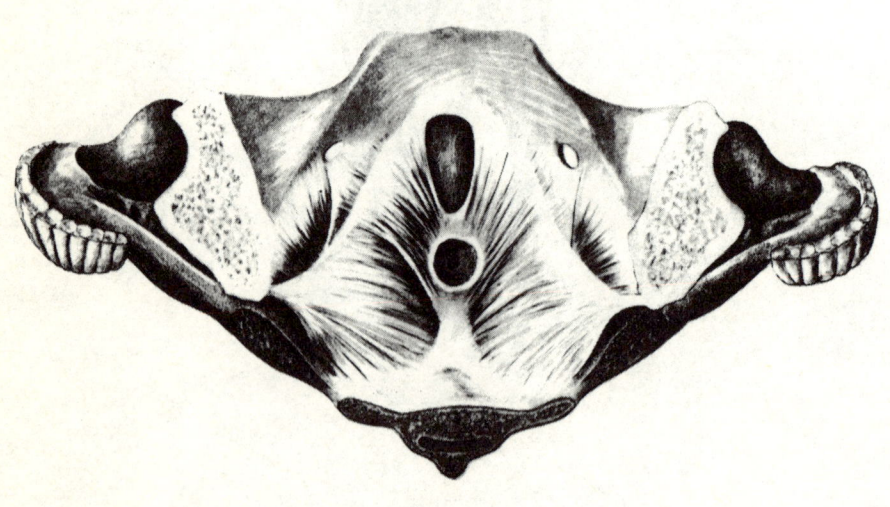

Der Beckenboden

Die ersten Lebensjahre tragen wesentlich zu der besonderen Form bei, die ein Körper später hat. Vielleicht hatten Sie ein schwierige Geburt, bei der Ihre Schädelknochen leicht verschoben wurden. Auf Ihren Kinderbildern ist zu erkennen, daß Ihr Kopf nicht völlig symmetrisch ist; wenn Sie heute in den Spiegel schauen, stellen Sie fest, daß Ihr linkes Auge geringfügig tiefer liegt als Ihr rechtes. Oder möglicherweise haben Sie sich damals Ihre Hüfte verrenkt, und Sie leben mit dieser Schädigung bis heute; vielleicht ist sie durch die Jahre der Benutzung sogar stärker geworden. Frühe intrauterine oder Geburtserlebnisse können in Ihrem Körper Spannungen verursacht haben, die über die Jahre größer wurden, so daß Ihre von jeher verspannte Brustmuskulatur heute verspannter ist als je zuvor.

Dann folgen Unfälle und Krankheiten. Als ich ungefähr ein Jahr alt war, stieß ich mir den Kopf am Couchtisch und wurde ohnmächtig. Mama war in Angst und Schrecken. Sie rief nach Papa. Als ich wieder zu mir kam, schaute ich in ihre besorgten Gesichter. Als ich vier war, hatte ich die Grippe. Der Hausarzt kam und forderte mich auf, mein Kinn auf die Brust zu nehmen. Es ging nicht. Vier schreckliche Tage und Nächte, die mir bis heute lebendig vor Augen sind, verbrachte ich im Krankenhaus, wo ich auf die Schlafkrankheit hin überwacht wurde. Mein ganzes Leben lang habe ich einen steifen Hals gehabt, später sogar mit chronischen Schmerzen. Im Alter von 42 Jahren kann ich heute, dank der guten alten Ida Rolf, meinen Hals freier bewegen als jemals zuvor, aber ich kriege mein Kinn immer noch nicht auf die Brust.
Viele Menschen hatte in ihrer Jugend Kinderlähmung, die häufig unerkannt blieb. Polio hat nachhaltige Wirkungen auf den Psoas-Muskel, die Integrität des Beckens und der Beine. Manche Menschen haben drastische Erlebnisse hinter sich; sie lagen in Inkubatoren oder waren an eiserne Lungen angeschlossen. All das hinterläßt tiefe Eindrücke im Bindegewebe. Andere sind schlimm gefallen oder von Autos angefahren worden.

Tom ist 28 Jahre alt. Als er zu seiner ersten Rolfing-Sitzung kam, vermutete ich, daß er irgendwann in seiner Jugend einen Unfall gehabt haben müsse, da sein Brustkorb aussah, als sei er ungefähr zweieinhalb Zentimeter nach rechts gestoßen worden. Mit Bestimmtheit behauptete er, nie einen Unfall gehabt zu haben. Er fragte seine Eltern, die seine Aussage bestätigten. In der neunten Sitzung arbeitete ich daran, die schief stehenden Rippen an der linken Seite frei und unabhängig voneinander beweglich zu machen. Unter tiefem Schluchzen erinnerte er sich daran, wie er im Alter von acht Jahren von einem Baum gefallen war und sich auf dieser Seite ein paar Rippen gebrochen hatte. Er war ins Krankenhaus gebracht worden und beinahe gestorben.

Bei den meisten Menschen ist die Reihe von Umständen, die zu unserer gegenwärtigen körperlichen Form führt, weniger drastisch; sie sind beim Eislaufen ein paarmal auf ihr Steißbein gefallen, haben sich ab und zu den Fuß verstaucht oder das Handgelenk verrenkt. Aber ein mit fünf Jahren leicht gezerrtes Fußgelenk kann vierzig Jahre später ein arthritisches Bein zur Folge haben.

Einmal arbeitete ich mit einer Frau an ihrem Knie. Sie erzählte mir, sie habe es sich bei einem Sturz im Alter von zehn Jahren verletzt, glaube aber nicht, daß dies der Rede wert sei. Ich machte ihr deutlich, daß das, was ihr unbedeutend erscheine, sehr bedeutsam sein könne, wenn sie an die Reaktionen der Eltern darauf denke. Ihr Gesicht rötete sich. „Also dann war es bestimmt bedeutungslos", sagte sie wütend. „Mein Vater war nie zu Hause und wußte noch nicht einmal von dem Unfall."

Zu der Geschichte unserer Unfälle kommt die Umgebung, in der wir lebten, die Art und Weise, wie die Menschen um uns herum, insbeson-

dere unsere Eltern, ihren Körper benutzten. Dies ist eine grundlegende Lektion, die unsere heutige Körperstruktur bestimmt. Beobachten Sie ein Kleinkind beim Krabbeln. Vielleicht fällt Ihnen auf, daß häufig der untere Teil des Rückens verkürzt ist, so daß der Hintern in die Luft steht. Oft findet man auch einen verkürzten Nacken, da das Kind ja meist nach oben schauen muß, um seine Umgebung wahrzunehmen. Nun haben Mama und Papa vielleicht auch ein gekipptes Becken und einen verkürzten Nacken. Wenn der kleine Gauner jetzt zu laufen anfängt, behält er seinen verkürzten Rücken und Nacken. Und finden Sie nicht auch? Sieht der kleine Johnny nicht genau aus wie sein Papa, wenn er die Straße entlangstolziert? Es ist wichtig zu erkennen, daß ein verkürzter Nacken und ein ebensolcher Rücken eine der kindlichen Bewegungen angemessene, bequeme Haltung ermöglichen. Wenn Johnny aber im aufrechten Gang an diesem Muster festhält, entsteht diese Haltung nicht mehr aus einem Gefühl von Bequemlichkeit, sondern aus dem Nachahmen der Eltern. Wie man später sehen wird, ist ein solches Haltungsmuster für erwachsene Bewegungen ungeeignet.

Dann ist da noch unsere vorgeburtliche Geschichte. Wir verbringen unser frühstes Leben auf eine einzigartige Weise. Johnnys rechtes Bein mag über sein linkes geschlagen gewesen sein. Der Raummangel im mütterlichen Körper mag seinen Schädel an einer völligen Ausdehnung gehindert und zu einer Drehung im Verhältnis zum Hals veranlaßt haben. Mehr noch: Die Welt der Mutter — ihre Ernährung, ihr Atemmuster, ihre Art sich zu bewegen, ihre Unfälle, ihre emotionalen Reaktionen — bestimmen Johnnys Umgebung. Jede Rotation in der mütterlichen Körperstruktur oder jeder Mangel an Platz wird sich in der Struktur des wachsenden Embryos niederschlagen.

Ob auf geistiger, emotionaler oder körperlicher Ebene — Erwachsensein ist etwas, was man im Laufe der Zeit mit Geschick und Unterstützung entwickeln und erreichen muß. Auf körperlicher Ebene hat Erwachsensein mit Balance und Länge zu tun: Die kurzen Muskeln der Kindheit müssen länger werden und zwischen den vorderen und hinteren, rechten und linken sowie den oberen und unteren Körperhälften muß eine Balance erreicht werden. Das bedeutet, daß der Körper die Möglichkeit erhält, sich nach außen und nach oben voll auszudehnen.
Häufig trifft man bei älteren Menschen auf die Körper von Kindern mit Runzeln und gealterter Haut.

Wir haben ein selbstzerstörerisches Programm bezüglich unseres Körpers im Kopf. Ein Aspekt davon besteht in der Illusion, die Körper von Neugeborenen seien völlig in Ordnung. Manchmal wären wir gerne wieder so wie sie; da das aber offensichtlich nicht mehr geht, bemitleiden wir uns selbst für unser Elend. Wischen Sie sich die Tränen aus den Augen und schauen Sie sich den Körper des Babys einmal gut an. Seine Beine sind so verbogen, daß sie es unmöglich tragen könnten. Selbst wenn sie es könnten, würde es zusammenbrechen, sobald es versuchte, sich auf die kleinen Füßchen zu stellen, die ab den Fußgelenken völlig verdreht sind. Der niedliche, lächelnde, weiche Kopf sitzt auf einem viel zu kurzen Hals. Ein Kleinkind ist ein weicher, rosa Zellhaufen mit unendlichen Möglichkeiten.

Noch etwas ist bemerkenswert an den Bewegungen eines Babys. Obwohl es sich einerseits mit einer Anmut und Spontaneität bewegt, die älteren Menschen oft fehlt, sind seine Bewegungen andererseits in einem hohen Maße einfach und begrenzt. Schauen Sie sich an, wie ein Baby seine Hände benutzt und wie ein achtjähriger Klavierspieler das tut. Oder betrachten Sie eine Zeitlupenaufnahme von einem Tennisspiel zwischen Profis und richten Sie Ihr Auge auf die unendliche Variationsbreite in den Körperbewegungen der Spieler. Oder denken Sie an die Beweglichkeit Ihres Beckens, wenn Sie tanzen oder mit jemandem schlafen.

Im Jahre 1975 leitete Dr. Dick Schultz, der Verantwortliche für anatomische Studien am Rolf-Institut, eine medizinische Sektion der Leiche eines zwei Tage alten Babys. Einige der Abweichungen, die man bei Erwachsenen antrifft, waren bereits hier zu beobachten: sehr verhärtete Muskulatur im unteren Rückenbereich, Verkürzungen an den Außenseiten der Beine, die Entwicklung harten Faszialgewebes am Beckenboden. Der zwei Tage alte Junge trug bereits alle Anzeichen eines langen, mühseligen Lebens in sich. Die neun vorgeburtlichen Monate schienen bereits die Bedeutung gehabt zu haben, die Freud den ersten Lebensjahren beimaß.

Es gibt zwei funktionell unterschiedliche Muskelgruppen: die äußere Muskulatur, die man meist recht gut kennt; zu ihr gehören der m. bizeps, der m. pectoralis major, der m. latissimus dorsi und die mm. glutei. Das andere Muskelsystem liegt tiefer und damit näher am Zentrum des Körpers; dazu gehören der m. psoas, die Interkostal- und

Interspinalmuskulatur, die Beckenrotatoren und die tiefen Halsmuskeln (vgl. Abbildung). Ein Kleinkind benutzt fast ausschließlich die äußere Muskulatur. Die Beweglichkeit der inneren Muskulatur hat sich noch nicht entwickelt. Sie mag sich nie vollständig entwickeln, wenn das Kind nicht zufällig Menschen begegnet, die über die volle Breite muskulärer Beweglichkeit verfügen. Ist der Vater des Kindes ein Handwerker, lernt es vielleicht all die feinen Bewegungen, zu denen Hände und Finger fähig sind. Praktiziert die Mutter Yoga, lernt es möglicherweise auch, seinen Rücken so zu bewegen, daß die Aktivität der tiefen Muskulatur angeregt wird.

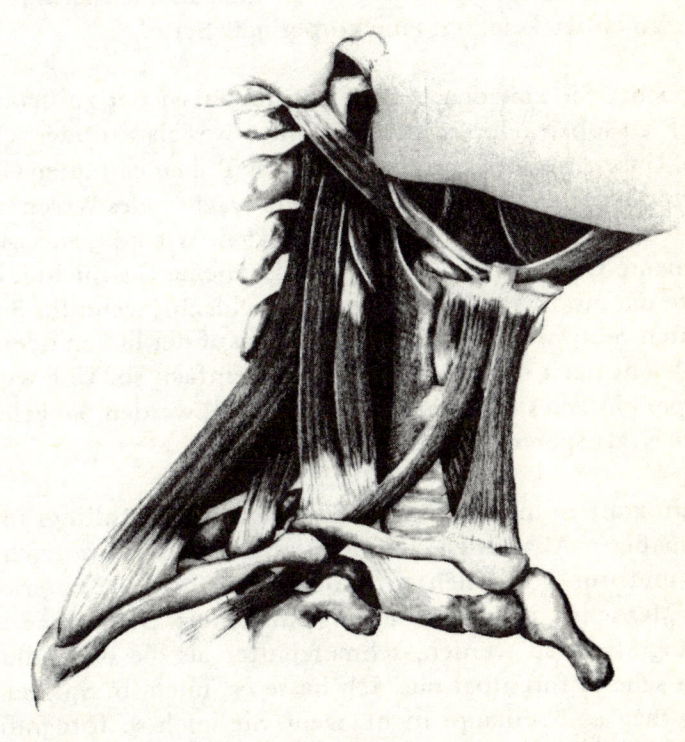

Die tiefliegenden Halsmuskeln

Ich habe oft von Leuten gehört, daß sie die Vorstellung haben, ihre Körper haben sozusagen eine äußere, muskuläre Schale, die die inneren Organe umgibt. Wir sind jedoch durch und durch myofasziale Wesen. Psychische und spirituelle Tiefe enthält eine körperliche Komponente. Ein körperlicher Aspekt des Erwachsenwerdens besteht darin, den gesamten Körper benutzen zu lernen und Bewegung auf allen Ebenen unseres körperlichen Seins hervorrufen zu können.

Die äußere Muskulatur bewegt sich mit höherer Geschwindigkeit als die innere. Sie wird für Verteidigung und Flucht gebraucht. Wenn sie im körperlichen Leben eines Menschen die Hauptrolle spielt, trifft man bei ihm auf einen Muskelpanzer, der ihn vor eigenen Gefühlen und der Wahrnehmung von Gefühlen anderer Menschen schützt. Sind diese Muskeln überentwickelt, legen sie die Aktivität tieferer Schichten lahm, die dann atrophisch werden. Mit dem Erwachsenwerden ein Innenleben zu entwickeln, hat eine körperliche Seite.

Ich möchte Sie einladen, sich selbst immer wieder zu beobachten — ohne sich zu loben oder zu tadeln, ohne etwas als gut oder schlecht anzusehen. Unsere persönliche Geschichte ist Teil einer uralten Geschichte. Die ganze Menschheit ist ein Körper, ein wachsendes Wesen mit Höhen und Tiefen, Rückschlägen und Fortschritten. Wir können sagen: „Mist, das ist meine Geschichte" oder: „Dies ist meine Geschichte; ich mache das Beste daraus." Es ist weder gut noch schlecht, wenn Ihr Schädel auf der rechten Seite weiter ausgeformt ist als auf der linken oder wenn Ihr Becken leicht nach links rotiert ist; es ist einfach so. Und wenn Sie Ihren Körper einfach so wahrnehmen, wie er ist, werden Sie Erleichterung und neue Kraft spüren.

Ich fotografiere meine Klienten bei Beginn des Rolfings und danach in regelmäßigen Abständen. Ich benutze die Bilder, um mich selbst zu schulen und um dem Klienten seine eigene Struktur zu erklären. Für manche Menschen ist die Erfahrung, in Unterwäsche ohne irgendeine Pose fotografiert zu werden, schmerzhafter als die Behandlung selbst. „Oh, ich sehe ja furchtbar aus. Ich hasse es, mich im Spiegel zu sehen. Und ich mag es überhaupt nicht, wenn Sie mich so fotografieren." In solchen Augenblicken weiß ich es ganz besonders zu schätzen, daß Ida Rolf mir eine ego-freie Einstellung zu meinem und anderen Körpern vermittelt hat. Ich habe zu Körpern eine Beziehung wie zum Grand Canyon, zur Mojave-Wüste oder zur Küste. Ich sehe die Urtümlichkeit, die Rauheit, die Schönheit und die ungleichmäßigen Formen, die sich infolge großer Beanspruchungen entwickelt haben.

Sich vorzuwerfen, was man mit seinem Körper gemacht hat und was man den Körpern seiner Kinder weitervermittelt hat, ist das einzig wirklich Schlechte. Die Selbstvorwürfe haben keinerlei Wert. Sie kosten uns nur wertvolle Energie.

Wenn Sie als Eltern Ihren Kindern ernsthaft einen guten Dienst erweisen wollen, lernen Sie am besten etwas über den Körper. Ich meine damit nicht nur Erste Hilfe oder woran eine Erkältung frühzeitig erkennbar ist, damit man den Kleinen Aspirin und Antihistamine in den Mund stopft. Lernen Sie, Ihre Sorgsamkeit für den Körper auszudrücken, ihn zu massieren, die Durchblutung eines verstauchten Fußes anzuregen oder Kopfschmerzen mit Ihren Händen zu lindern. Werden Sie sich klar über das eigentliche Problem, nämlich darüber, was Sie Ihren Kindern unbewußt über ihren Körper beibringen. Helfen Sie ihnen, einen ineffektiven oder gar schädlichen Gebrauch ihres Körpers zu erkennen, und zeigen Sie ihnen, wie sie über alle in ihrem Körper vorhandenen Energien verfügen können. Vielleicht ist das Wichtigste, was Sie lernen müssen, Ihrem Kind dabei zu helfen, daß es produktiv mit Schmerzen umzugehen lernt.

Die beeindruckendste Erfahrung im Verlauf meiner ersten Serie von Rolfings war die Erkenntnis, daß ein zentrales Motiv in meinem Leben das Vermeiden von Schmerz war und daß das Vermeiden von Schmerz neuen Schmerz verursacht. Ich hatte ein sehr beschütztes Leben geführt, war nie körperliche Risiken eingegangen, war weder auf Bäumen herumgeklettert noch hatte ich irgendeinen Kampfsport betrieben, weil mir beigebracht worden war, wie schlimm es sei, sich den Arm oder ein Bein zu brechen. Also brach ich mir nie einen Knochen, aber mit den Jahren wurde mein Körper so leblos und steif, daß ich mit Ende Zwanzig chronische Schmerzen hatte.

Es war eine geniale Leistung von Freud aufzudecken, welchen immensen Aufwand wir betreiben, um den mit einem bestimmten Ereignis verbundenen Schmerz nicht zu spüren. Und das unerlebte Ereignis gefriert buchstäblich in unserem Körper. Auf unbewußter Ebene durchleben wir es mechanisch wieder und wieder. Wenn wir dann erwachsen sind, haben wir die Fähigkeit verloren, auf das zu reagieren, was hier und jetzt geschieht, weil wir so damit beschäftigt sind, auf die Vergangenheit zu reagieren.

Lassen Sie Ihr Gedächtnis zu jenen Ereignissen in Ihrem Leben zurückschweifen, die Ihren Körper geprägt haben, und achten Sie darauf, wie der ungelebte Teil dieser Ereignisse in Ihrem Körper gefroren ist. Es ist keine große Angelegenheit, sich den Fuß zu verstauchen. Aber aus Angst vor größeren Schmerzen investiere ich eine Menge Energie in die Vermeidung. Ich schone mein Fußgelenk so sehr, daß in meiner Hüfte und Wirbelsäule eine solche Verzerrung entsteht, wie sie ein einfacher verstauchter Fuß niemals bewirkt hätte. Mehr noch: Die Angst vor einem verstauchten Fuß hat sich im Gewebe selbst eingegraben und tritt automatisch in ähnlichen Situationen wieder auf.

Nehmen Sie die Reaktionen der Eltern auf schmerzhafte Ereignisse hinzu: Johnny fällt und hat Schmerzen, die nicht allzu schlimm sind. Seine entsetzte Mutter rennt herbei und schimpft mit ihm. Er lernt, aus einem verstauchten Fuß eine große Sache zu machen.

Beziehen Sie in Ihre Gedanken über Ihre persönliche Geschichte mit ein, auf welche besondere Art Sie Ihren Körper benutzt haben, bzw. auf welche Weise Sie ihn nicht benutzt haben. Vielleicht haben Sie schon in der Grundschule angefangen, einen athletischen Körperbau zu entwickeln, indem Sie Gymnastik gemacht und Fußball gespielt haben, möglicherweise Gewichtheben und Boxen trainiert haben. Diese Entwicklung steckt in Ihnen, wenn auch vielleicht unter zusätzlichen Muskelschichten verborgen. Sie mögen viel getanzt haben oder Sie haben, wie ich, viele Jahre im Sessel oder am Schreibtisch mit Lesen und Schreiben verbracht. Oder eine Krankheit hat Sie in Ihrer Jugend so geschädigt, daß Sie die meiste Zeit in einem Rollstuhl verbringen müssen.

Dann gibt es noch Ihre emotionale Lebensgeschichte: die Beziehung zu Ihren Eltern, deren Beziehung zueinander, Ihre Beziehungen zu anderen Menschen und Ihre Gefühle für sich selbst.

Rachel ist 25 Jahre alt. Sie mag ihren Job und hat einen liebevollen Freund. Sie fühlt sich elend und kraftlos. Ihre Schultern sind bis zu den Ohren hochgezogen; man denkt, sie rechnet jeden Augenblick mit einem Angriff aus dem Hinterhalt. Als ich an ihrem kleinen Brustmuskel arbeitete, fing sie an zu weinen. „Als ich klein war, hat meine Mut-

ter immer mit mir geschimpft. Immer wenn ich ihre Schritte draußen
im Gang hörte, tat ich genau, was ich heute mache: ich zog meine
Schultern hoch und zog den Kopf ein."

Mary ist 35. Sie hat einen gesunden, angenehmen Körper, wenn man
von ihrem Kopf absieht, der ungewöhnlich weit vorgeschoben ist. Sie
besitzt eine vollständige Sammlung von Fotos aus ihrer Kindheit und
Jugend. Bis ins Alter von zwölf Jahren war sie sehr aufrecht und hübsch.
Dann verlagerte sich ihr Kopf auf einmal nach vorn und ein trauriger
Zug trat in ihr Gesicht, der noch heute, 23 Jahre später, zu erkennen
ist. Sie weinte, als wir diese Bilder betrachteten, und erzählte mir, daß
ihr Vater in jenem Jahr die Familie verlassen habe und sie ihn erst sechs
Jahre später wiedersah.

Eine weitere Komponente in Ihrem heutigen körperlichen Sein besteht in dem, was Ihnen über Ihren Körper ausdrücklich beigebracht
worden ist, wie Sie sich halten sollten, was Sie hinsichtlich Ihres hängenden Kopfes oder Ihrer krummen Zehen unternehmen sollten. Steve
ist ein 30jähriger Jude aus Manhattan, dessen Kindheit an die von Philip
Roth erinnert. Er hatte eine sehr rigide Haltung; Schultern und Becken
waren weit zurückgezogen. Er berichtete mir, wie sich seine Mutter einmal über seine Genitalien lustig gemacht habe, die sich unter seinen
Hosen vorwölbten. Seither versucht er sie zurückzuhalten, um sie un-
sichtbar zu machen.

In unseren ersten Lebensjahren lernen wir alle möglichen Dinge über
den Körper: was es bedeutet, aufrecht zu stehen, sich zu entspannen,
stark, schnell, ausdauernd, anmutig oder schwerfällig zu sein, hübsch
oder häßlich auszusehen. Wir lernen auch, uns für unseren Körper zu
schämen, und wir bekommen Informationen über Sexualität, die ihre
Auswirkungen auf den Körper haben.

Jeder einzelne Faktor, der zu unserem heutigen körperlichen Sein
etwas beigetragen hat, kann verändert, gelindert oder in seiner Wirkung
umgekehrt werden — man muß ihn nur als etwas Variables in der eigenen persönlichen Geschichte erkennen und ihn nicht als Teil einer un-
veränderlichen Struktur ansehen. Es wäre eine Tragödie, wenn Sie Ihren
Körper so, wie er hier und heute ist, als unvermeidliches Resultat einer
Geschichte betrachten würden, die sich in ihm festgesetzt hat. Es gibt
nichts Festes im Körper; es gibt nur bewegliches, atmendes veränderliches Gewebe, das bereit ist, sich mit ein klein bißchen Unterstützung
vom Gift seiner Vergangenheit zu befreien.

4
Schönheit und Funktionsfähigkeit

Unsere persönliche Geschichte findet in einem größeren kulturellen Zusammenhang statt. Die vielfältigen Formen, die wir unseren Körpern gegeben haben, während wir Bewegungsmuster von unseren Eltern lernten, sind individuelle Reaktionen auf die Ideale unserer Kultur zu einem bestimmten historischen Zeitpunkt. Selbst unsere körperlichen Reaktionsmuster — wie wir mit Schmerz umgehen, unsere Verhaltensstile — stellen Spiegelungen der öffentlichen Vorstellung von Stärke, Schwäche, Schönheit und Häßlichkeit dar.

„Der soziale Körper bestimmt die Wahrnehmung des physischen Körpers. Das physische Erleben des Körpers wird immer durch die sozialen Kategorien modifiziert, durch die es erfahren wird, und erhält damit die Sichtweise der Gesellschaft aufrecht. Zwischen beiden Arten köperlicher Erfahrung findet ein ständiger Austausch von Bedeutungen statt, so daß jede die Kategorien der anderen verstärkt. Infolge dieser Interaktion ist der Körper selbst ein in höchstem Maße beschränktes Ausdrucksmedium. Die Formen, die er in Ruhe und Bewegung annimmt, drücken vielfältige soziale Zwänge aus. Die Beachtung, die dem Körper in Form von Pflege, Ernährung und Heilkunde geschenkt wird, die Theorien über seine Bedürfnisse hinsichtlich Schlaf und Training, über seine Entwicklungsphasen, seine Schmerzempfindlichkeit, seine Lebenserwartung — alle die kulturellen Kategorien, die seine Wahrnehmung bestimmen, stehen insofern in engem Zusammenhang mit den Kategorien, durch die die Gesellschaft gesehen wird, als diese sich auf dieselben kulturell vermittelten Vorstellungen vom Körper beziehen."[7]

Dieses Kapitel enthält Gedanken über die Beziehung Ihrer gegenwärtigen Körperstruktur zu den in unserer Kultur verbreiteten Männlichkeits- und Weiblichkeitsidealen. Ein übergreifendes Anliegen dieses Buches ist es, Ihnen dabei zu helfen, daß Sie Ihren Körper intensiver und differenzierter wahrzunehmen lernen und aufmerksamer für die Botschaften werden, die er Ihnen darüber zukommen läßt, wie *er* sich bewegen, sitzen oder atmen möchte. In diesem Kapitel wird die Behauptung aufgestellt, daß die in der Öffentlichkeit verbreiteten Vorstellungen von Attraktivität oft die inneren Botschaften des Körpers selbst verschütten. Häufig entsteht ein Konflikt zwischen dem Bedürfnis, ,,gut auszusehen", und dem Bedürfnis, gut zu funktionieren.

Im ersten Kapitel habe ich festgestellt, daß die ,,Realität" eine Angelegenheit kultureller Übereinkünfte ist, also darin besteht, was die meisten Leute für real halten. Dasselbe trifft auf ,,Schönheit" zu, die von mittelalterlichen Philosophen ja auch nur für einen weiteren Aspekt der Realität gehalten wurde. Ein schöner Körper ist das, was die gesellschaftliche Konvention dazu macht. Solche Konventionen ändern sich von Zeit zu Zeit und von Land zu Land. Der ideale weibliche Körper der Griechen während des Goldenen Zeitalters, wie er zum Beispiel in der Venus von Milo dargestellt ist, unterscheidet sich von seinem ägyptischen Gegenstück, der Nofretete. Die muskulösen männlichen Körper des Praxiteles unterscheiden sich von den Körpern der persischen Soldaten, die gegen die Griechen zu Felde zogen. Die prallen, sinnlichen Nackten von Rubens unterscheiden sich von den ebenso sinnlichen Anhängerinnen des Tantra Yoga, wie sie in die Mauern indischer Tempel geritzt sind, und beide sind wiederum völlig anders als die ,,Playboy"-Mädchen. Die westlichen Körper der römischen Soldaten aus dem ersten Jahrhundert sind von denen der Chinesen aus derselben Epoche völlig unterschieden.

Die körperlichen Ideale einer Kultur wirken schöpferisch: In ihrem Licht gestalten wir unsere Körper, indem wir sie nachahmen oder gegen sie rebellieren. Im Vergleich zu diesen Idealen fühlen wir uns in unseren Körpern — in uns — gut oder schlecht.

Joes Geschichte ist die großer körperlicher Aktivität: Er war Zureiter in Rodeos, Gewichtheber, Ringer, Turner, und zuletzt praktizierte er Karate. Er hat die Kraft von ungefähr dreißig Jahren in das gesteckt, was er für einen sexuell attraktiven männlichen Körper hielt: eine große Brust, einen breiten Rücken und starke Muskeln in den Schultern; eine schlanke Taille und ein schmales Becken; kräftige, feste Muskeln und einen dicken, kurzen Hals. Als er zu seiner vierten Rolfing-Sitzung kam, erzählte er mir, daß seine Frau über die Veränderungen in seinem Körper sehr beunruhigt war. Ihr gefielen weder die Weitung seiner Taille und seines Beckens noch sein weicher werdender Bauch. Sie hatte ihn ermuntert, mit dem Rolfing aufzuhören, obwohl er selbst es als sehr wertvoll für sich empfand.

Ein Ziel des Rolfing ist es, „Spannweite" herzustellen. Damit ist eine Erweiterung des Raumes zwischen Brustkorb und Beckenkamm sowie ein gesunder Muskeltonus in diesem Bereich gemeint. Dazu muß bei vielen Menschen der gesamte Brustkorb in seinem Verhältnis zum Becken angehoben werden, wobei die elften und zwölften Rippen aus ihrer häufig eingeklemmten Position befreit werden. Überdies ist es dazu notwendig, den Quadratus-lumborum-Muskel, der die gesamte Strecke zwischen der zwölften Rippe und dem Beckenkamm durchzieht, zu strecken und in eine neue Position zu bringen. Das Bindegewebe des Bauchs und des unteren Rückens wird dabei gedehnt. Funktionell führt dies zu mehr Raum, einer verbesserten Funktion der Eingeweide, mehr Leichtigkeit beim Atmen sowie einer größeren Beweglichkeit des Beckens, die zu einer erhöhten sexuellen Reaktionsfähigkeit führen kann. Bei einem athletischen Körper wird dies häufig in einer Weitung von Taille und Becken sowie einer weicheren und längeren Bauchdecke sichtbar. Bei einem weichen komprimierten Körper besteht das Resultat dagegen meist in einer längeren und schmaleren Taille.

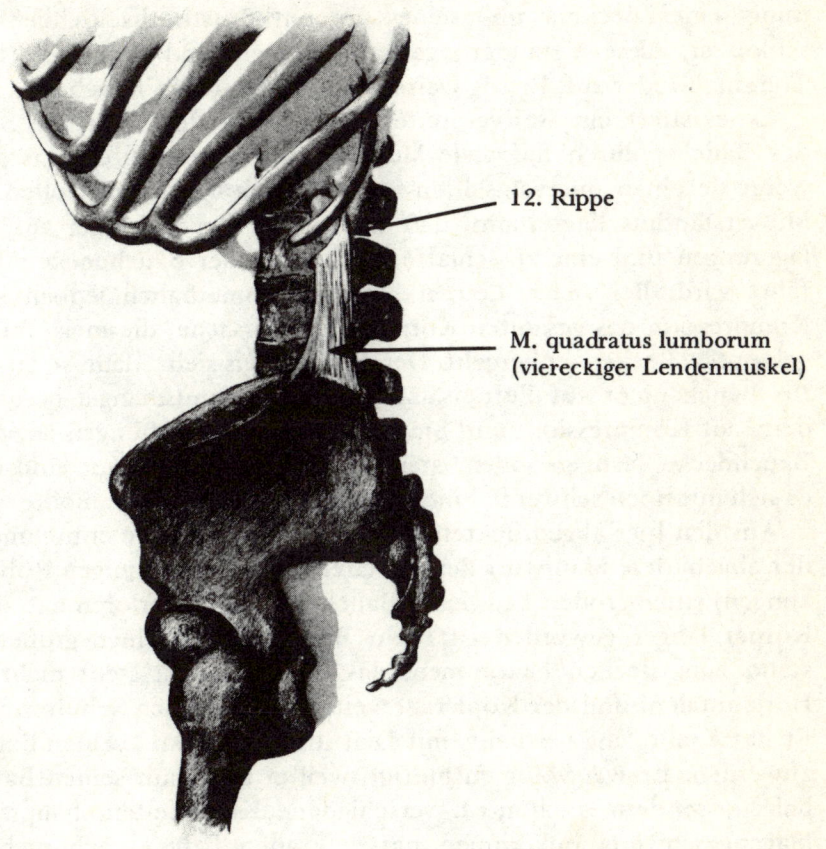

12. Rippe

M. quadratus lumborum
(viereckiger Lendenmuskel)

M. quadratus lumborum

Henry, ein über 40jähriger Ingenieur, hatte sich mit Gewichtheben und Gymnastik absichtlich eine aggressive Körperform verschafft. Seine Muskulatur war überwiegend in der oberen Hälfte des Rumpfes ausgebildet; seine Brust beugte sich über einem harten Bauch und einem schmalen Becken nach vorn, die Beine waren sehr schmal. Er klagte über sexuelle Schwierigkeiten und Wutausbrüche. Je größere Fortschritte das Rolfing machte, desto entsetzter war er über die Ausdehnung seines Beckens und seines unteren Brustkorbs. Schließlich beschloß er, diese Veränderungen aufzuhalten, und nahm sein früheres Training wieder auf. Er zog weiterhin bewußt seinen Bauch ein.

Es existiert ein weitverbreitetes Mißverständnis über die Struktur des Bauchs, durch das viele Menschen in einen Teufelskreis geraten, wenn sie einen unerwünschten Schmerbauch loswerden wollen. Dieses Mißverständnis liegt darin, daß ein solcher Bauch immer auf Fettablagerungen und eine zu schlaffe Muskulatur der Bauchdecke zurückgeführt wird. Bei vielen Leuten hat ein Schmerbauch jedoch in einer Kompression des gesamten Körpers seine Ursache, die meist mit einem gekippten Becken einhergeht. Der Teufelskreis sieht dann so aus: Wenn Ihr Bauch nicht auf Fettansammlung oder Tonusmangel beruht, sondern auf Kompression, und Sie fangen dann mit Übungen an, die Ihre Bauchdecke festigen sollen, steigern Sie die Kompression und machen es sich nur noch schwerer, eine schlanke Taille zu bekommen.

Aus den hier abgedruckten Fotografien können Sie entnehmen, daß der abgebildete Mann auf dem zweiten Foto (nach einigen Rolfing-Sitzungen) einen großen Teil seines Bauches dadurch verloren hat, daß sein Körper länger geworden ist: Sein Brustkorb hat einen größeren Abstand zum Becken bekommen, das Becken selbst steht mehr in der Horizontalen, und der Kopf ragt weiter zwischen den Schultern hervor. Er hatte jahrelang versucht, mit Diät und Gymnastik seinen Bauch loszuwerden. Er war völlig entmutigt, weil er nicht nur seinen Bauch behalten, sondern auch noch verschiedene Krankheiten, hauptsächlich Magengeschwüre, bekommen hatte. Frauen haben nach mehrfacher Schwangerschaft oft ein ähnliches Problem mit einem hängenden Bauch und versuchen dagegen anzugehen, indem sie die Bauchdeckenmuskeln (m. rectus abdominis) kräftigen; das eigentliche Problem liegt aber in tieferen Muskelschichten, insbesondere dem m. psoas, und in der gesamten Struktur, die ein Kippen des Beckens bewirkt, und die durch die Schwangerschaft betont wurde. Die richtige Strategie ist hier ebenfalls Dehnung und nicht Kräftigung.

Eine der Perversitäten unserer Kultur besteht darin, daß von der Vielfalt möglicher Körperstrukturen nur einige wenige als ideal gelten. Benutzt man zum Beispiel die von William Sheldon, dem Vater der Körperanalyse, entwickelten Kategorien, so gibt es unter Männern kaukasischer Abstammung 88 Körpertypen. Nur drei dieser Typen, die Sheldon extrem mesomorph nennt, kommen den Körperidealen unserer Kultur nahe: muskuläre Männer mit breiten Schultern und schmalen Hüften (vgl. Abbildung auf S. ..). Wenn Sie unter den 85 anderen Typen sind, jagen Sie ihr Leben lang diesem Ideal vergeblich nach, da Sie nun einmal nicht extrem mesomorph sein können. Sind Sie zufällig extrem ektomorph und haben einen hochgewachsenen schmächtigen Körper mit schmalen Schultern und Hüften, dann können Sie Ihr Leben damit verbringen, Gewichte zu heben und Liegestützen zu machen, um schließlich mit vierzig Jahren Kopf und Schultern deprimiert hängen zu lassen, weil Sie, verdammt noch mal, immer noch ektomorph sind.

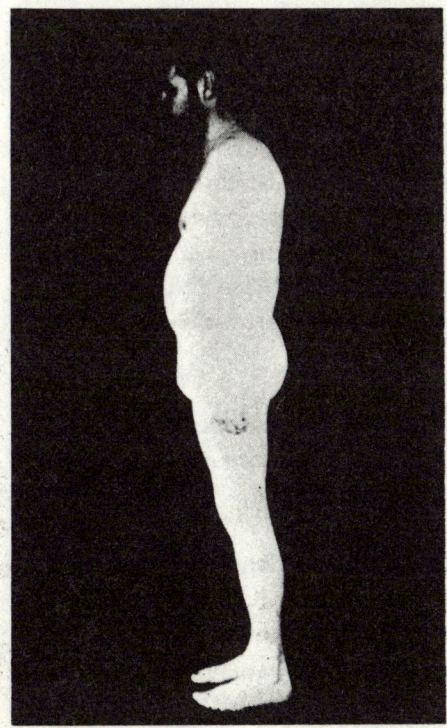 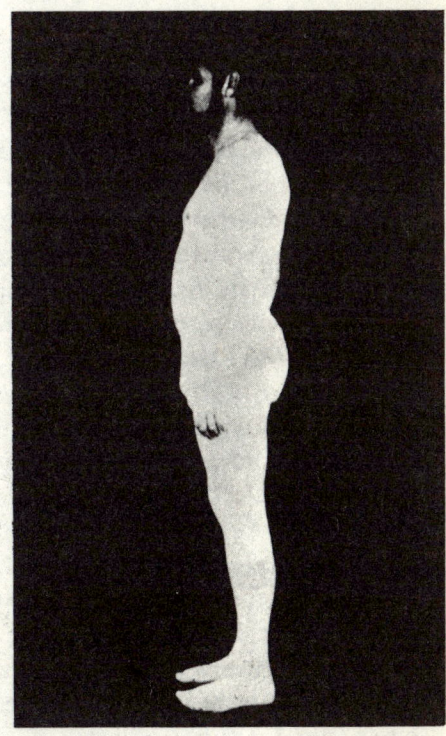

Diese Perversität wird noch dadurch verstärkt, daß nur ein extrem mesomorpher Jugendlicher dem Ideal entspricht. Sheldon hat, wie die meisten Menschen, beobachtet, daß solche Körper in den mittleren Jahren dicker werden, eine breitere Taille bekommen, ca. acht Kilo zunehmen und so ihre scharfen Konturen verlieren. Also selbst wenn Sie extrem mesomorph sind, können Sie sich damit herumquälen, im Alter Ihre Teenager-Figur zu behalten.

Frauen sind einerseits mit dem Bild des Mannequins und andererseits mit dem des Sex-Idols konfrontiert, die beide nur einen Ausschnitt aus der Menge existierender Frauenkörper repräsentieren.

Aussehen und Funktion geraten durcheinander. Männliche und weibliche Körper, die dem Schönheitsideal unserer Kultur entsprechen, bieten nämlich gerade keine Gewähr für ein optimales Funktionieren. Die meisten Menschen stehen vor der Wahl, einen Körper zu haben, der nach den durch die Medien vermittelten Normen gut aussieht, oder einen, der gut funktioniert.

Um konkreter zu werden, zähle ich im Folgenden die Charakteristika auf, die sowohl dem männlichen wie auch dem weiblichen Schönheitsideal unserer Kultur gemeinsam sind:

1. Angespannte Brustmuskeln, die die oberen Rippen zusammendrücken und die volle Ausdehnung von Herz und Lungen behindern.

2. Überdehnung der großen Muskeln im oberen Rückenbereich, die zur Kompression der Vorderseite beiträgt.

3. Verfestigung des Bindegewebes um die Taille, wodurch die Bewegungsfreiheit des Zwerchfells eingeschränkt und die Atmung behindert wird. Außerdem werden die Funktionen der Eingeweide und die Bewegungen des Beckens reduziert.

4. Verspannungen in der Gesäßmuskulatur und an den Außenseiten der Beine, begleitet von einer Außenrotation des weichen Gewebes der Beine. Diese Verspannungen tragen auch zur Immobilität des Beckens bei und fördern Degenerationserscheinungen an den Füßen, indem sie das Gewicht auf die empfindlichere Außenseite der Füße verlagern.

5. Verschiebungen der Wirbel im Hals und im unteren Rücken; beides sind kritische Stellen für das Nervensystem.

Weder das Modell aus „Vogue" noch das Mädchen aus dem „Playboy", noch der athletische Held sind im Genuß einer vollen Atmung. Ihre Becken sind extrem verspannt. Sie sind zumindest Kandidaten für Störungen ihrer Sexualität, Verdauung und Atmung. Die wahre Botschaft dieser Vorbilder macht ihre Perversität aus: Wir eifern ihnen nach, um attraktiver zu werden; sie verkörpern aber gerade jene Struktur, die Erregbarkeit und Gefühl behindert.

Versetzen Sie sich einmal in die Körper, die Sie in den Medien zu sehen bekommen, und achten Sie auf deren Funktion. „Wenn ich diese Körperform hätte, was würde mit meiner Atmung, meinem Gang, meiner Sexualität, meinen Ausscheidungsfunktionen geschehen? Welche Störungen würde ich bekommen?"

Diese Fragen verweisen auf die Gedanken des vorangegangenen Kapitels. Erscheint es mir im Leben wertvoller, der Welt ein angenehmes Bild zu liefern oder ein inneres Gefühl von Wohlbefinden zu haben? Bin ich bereit, ein solches Gefühl, sogar meine sexuelle Zufriedenheit zu opfern, um attraktiv auszusehen, wobei "Attraktivität" durch allgemeinen Konsens definiert wird?

MÖBEL

Vom Standpunkt maximaler Leichtigkeit und Effektivität der Körperfunktionen aus betrachtet, gibt es wenig gutgeformte Möbel. Selten findet man einen Stuhl, der das Becken in eine bequeme Position bringt, so daß dieses den Oberkörper stützen und der Kopf auf den Schultern ruhen kann. Unsere Möbel sind Abbild der kulturellen Ansicht, daß Bequemlichkeit in völliger Passivität bestehe; Maßstab für vollkommene Behaglichkeit ist der liegende Körper. Folglich sind die besten Stühle für unsere älter werdenden Mamas und Papas solche, die es ihnen sowohl ermöglichen, sich gemütlich und schläfrig wie im Bett zu fühlen, als auch einen gelegentlichen Blick ins Zimmer auf ihre Gäste zu werfen.

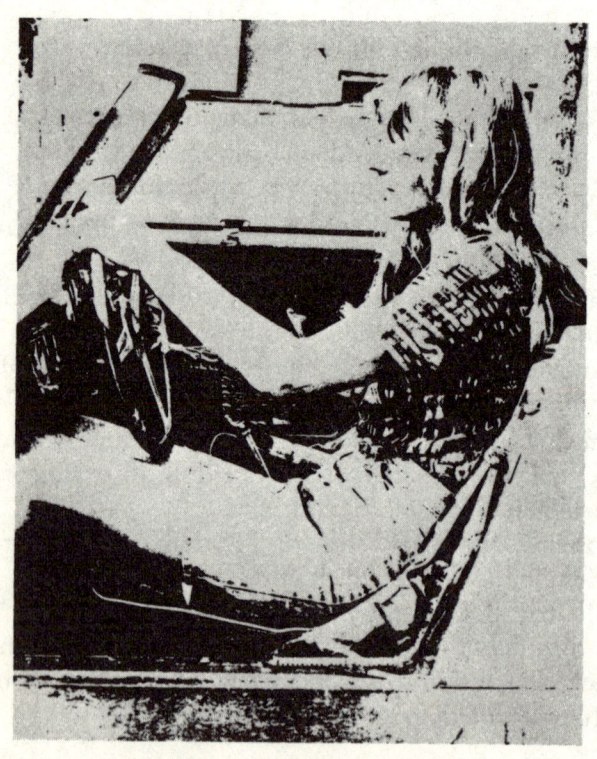

Weil sie für Hunderttausende verbogener Körper verantwortlich sind, gehören Schulmöbel und Autositze zu den übelsten Missetätern. Beide verursachen im untersten Teil der Wirbelsäule, dem Sacrum, ungeheuren Streß und lassen den Kopf so weit nach vorn geraten, daß Kopf- und Rückenschmerzen die häufige Folge sind.

Aussehen und Funktion brauchen nicht im Widerspruch zueinander zu stehen. Die Körper, die auf mich heute attraktiv wirken, sind in der Regel solche, die gut funktionieren. Als ich meine Aufmerksamkeit zunehmend der besseren Funktion meines Körpers zuwandte, änderte sich auch mein ästhetisches Empfinden.

Spüren Sie, ohne sich zu bewegen, in Ihren Körper. Achten Sie auf Ihren Atem, spüren Sie das unterstützende Gefühl in Ihrem Becken, Ihre Empfindungen in Hals, Kopf und Augen. Jetzt werden Sie sich bewußt, ob der Stuhl, auf dem Sie gerade sitzen, Ihnen gestattet, so locker und bequem zu sitzen, wie Sie es sich nur vorstellen können.

Die Augen haben teil an der Plastizität des Körpers. Wenn der Kopf bequem auf Hals und Schultern ruht und die Gesichtsebene vertikal ist, befinden sich die Muskeln des Auges im Gleichgewicht. Wenn der Hals nach vorne gebogen ist und der Kopf im Nacken liegt, sind die Augen im Verhältnis zum Kopf nach unten gerichtet, wenn sie geradeaus schauen. Dies führt zu Ungleichgewicht in der Augenmuskulatur, wodurch die Form des Auges sich verzieht und Sehbehinderungen entstehen. Man braucht sich daher nicht zu wundern, wenn von all den Kindern, die sechs Stunden pro Tag und fünf Tage pro Woche mit nach vorn verschobenen, in den Nacken gelegten Köpfen auf ihren Schulmöbeln sitzen und auf eine schlecht beleuchtete Tafel schauen, sehr viele eine Brille benötigen. Es ist schon wesentlich einfacher, dem kleinen Fritz eine Brille zu verpassen, als die gesamten Schulmöbel neu zu entwerfen.

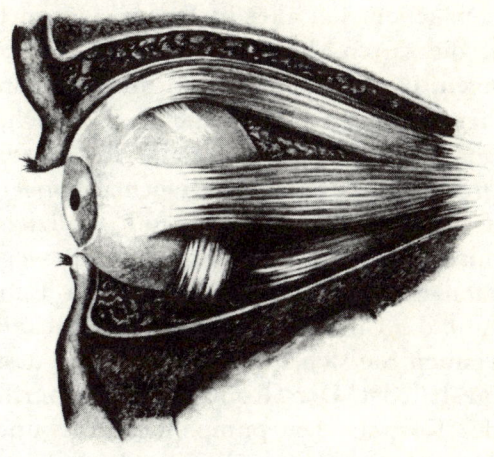

Die Muskulatur des Auges

DIE ANATOMIE DER ATMUNG

In unserer Kultur herrscht große Verwirrung über die Natur der
Atmung. Fragen Sie sich zum Beispiel einmal, wo Ihr Zwerchfell sitzt.
Probieren Sie, mit Ihrem Finger seine exakten Umrisse auf Ihrem Körper nachzuzeichnen. Wissen Sie, wo die Lungen liegen? Was passiert
genau in Ihrem Körper, wenn Sie kräftig einatmen? Behalten Sie diese
Fragen im Kopf, während Sie die Illustration zur Anatomie der Atmung
betrachten, und versuchen Sie, alles in Ihrem eigenen Körper zu lokalisieren. Die Luft, die durch Mund und Nase in den Körper eindringt,
strömt in die Lungen, die von den Rippen umgeben sind (welche ganz
um den Körper herumreichen — falls Sie das, wie ich, noch nicht ge-
fühlsmäßig wahrgenommen haben sollten). Im idealen Fall ist jede
Rippe zu einer Drehbewegung um ihre eigene gebogene Achse in der
Lage. Wenn jetzt der Atem die Lungen füllt, vollziehen die Rippen,
ähnlich einer Jalousie, rund um den Körper eine Bewegung nach außen
und oben. Beachten Sie, daß die Oberkante der Lungen sich direkt
unter Ihrem Hals und die Unterkante im unteren Rücken befindet.
Als nächstes schauen Sie sich das Zwerchfell an, dessen Querschnitt
von der Seite dargestellt ist. Der Großteil seiner Oberfläche liegt in der
hinteren Hälfte des Körpers. Die pumpenden Auf- und Abwärtsbewe-
gungen des Bauches, die viele Leute als Zwerchfell-Atmung bezeichnen,
stammen in Wirklichkeit vom Bauchmuskel (m. rectus abdominis), der
volle Atmung eher behindert. Wenn das Zwerchfell sich ganz ausdehnen
kann, ist eine deutliche Ausdehnung des unteren Rückenbereichs sichtbar. Beachten Sie schließlich die Verflechtung der Unterkante des
Zwerchfells mit zwei anderen Muskeln, dem m. quadratus lumborum
und dem m. psoas. Ist dem Zwerchfell eine Ausdehnung in den Rücken
möglich, wird seine dehnende Bewegung sich durch den m. quadratus
lumborum bis ins Becken und von dort durch m. psoas und m. iliacus
bis in die Beine fortsetzen.

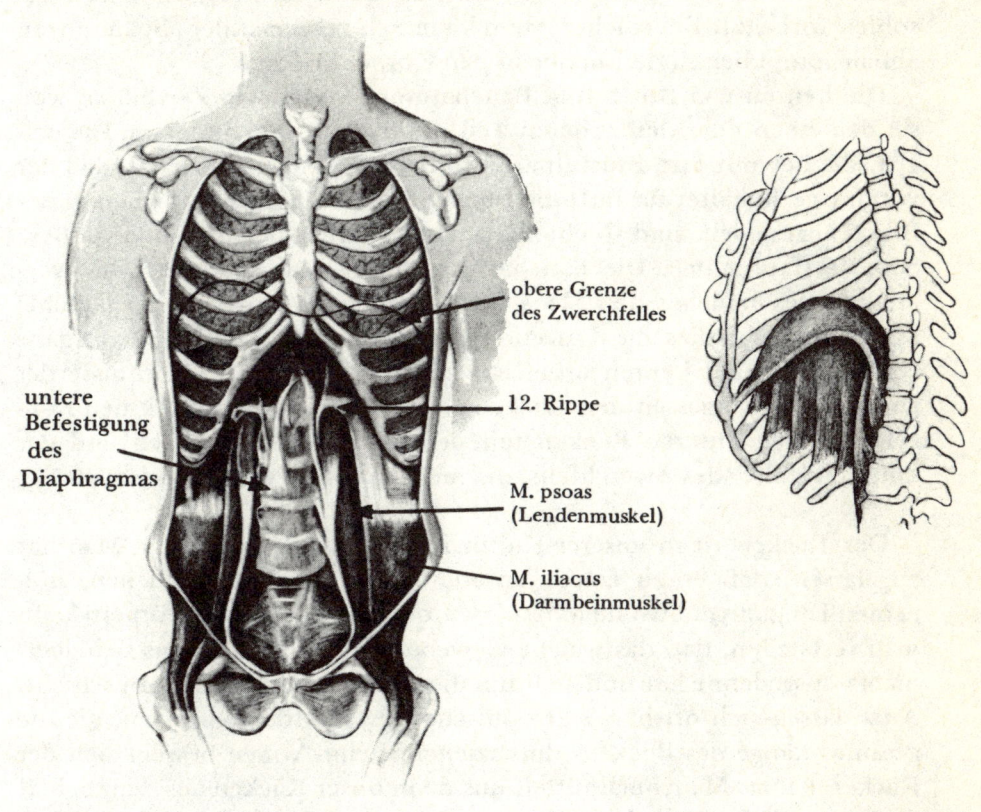

obere Grenze
des Zwerchfelles

12. Rippe

untere
Befestigung
des
Diaphragmas

M. psoas
(Lendenmuskel)

M. iliacus
(Darmbeinmuskel)

Die Anatomie der Atmung

Wenn dieses gesamte System arbeitet, wird die Atmung zu einer unglaublich schönen, ganzheitlichen Körpererfahrung. Die mütterliche Luft tritt durch die Nase ein; der Rumpf fängt an, sich nach oben und außen zu bewegen, wobei eine tiefe und subtile Welle vom Steißbein zum Kopf die Wirbelsäule entlangläuft; die Ausdehnung des Zwerchfells weitet das Gewebe tief im Bauch und verursacht eine Bewegung im ganzen Becken, die sich durch die Faszien der Beine bis hinunter in die Fußsohlen fortsetzt. Ein solcher Atem kann Schmerzen stillen, Spannungen abbauen und benötigte Energie in den Körper bringen.

Die Lehren von Brust- und Bauchatmung vermitteln Zerrbilder, weil sie den einen oder den anderen Teil des Systems hervorheben. Diejenigen, die bewußt ihre Brustatmung fördern, erkennen zu Recht, daß der vorrangige Behälter für Luft die Lungen sind, die im wesentlichen in der Brust angesiedelt sind. Mehr Platz in der Brust bewirkt eine größere Sauerstoffaufnahme. Die Bauchatmer wissen, daß eine weiche Beweglichkeit des Bauches den Menschen sensibler und offener für Gefühle macht und überdies die Funktion der Verdauungs- und Sexualorgane verbessert. Beide Lehren unterschätzen die richtigen Erkenntnisse der anderen und vergessen den Rücken — den oberen Rücken mit den Lungen und den unteren Rücken mit den unteren Lungenteilen und der hinteren Hälfte des Zwerchfells, die mit dem Psoas verwoben ist.

Der Rücken ist in unserer Kultur in Vergessenheit geraten. Man hat zugelassen, daß er zu einem unterentwickelten, unbeweglichen, hölzernen Ding „irgendwo da hinten" wurde. An den meisten Körpern kann man feststellen, daß das weiche Gewebe des oberen Rückens sich übermäßig ausgedehnt hat und sich um die Seiten herum nach vorn schiebt. Auch lassen sich oft harte, atrophische Gewebssträhnen tasten, die die gesamte Länge des Beckens durchziehen. Beim Atmen bewegt sich der Rücken kaum. Manchmal rüttelt uns dann unser Rücken aus dem Schlaf der Vergeßlichkeit und beginnt zu schmerzen. Dieser Schmerz wurzelt in eben dieser Vergeßlichkeit selbst.

Beachten Sie auf der Abbildung die unglaubliche Komplexität und Vielseitigkeit des Rückens. Dabei zeigt die Zeichnung nur zwei der verschiedenen Gewebeschichten, die den Rücken bilden.

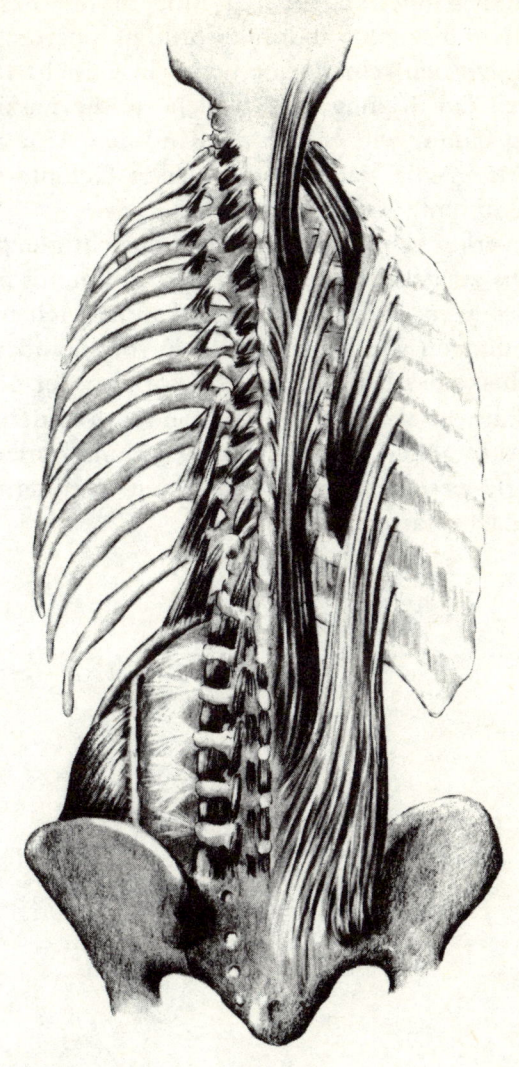

Die Muskeln des Rückens

Ray kam zu seiner fünften Sitzung und berichtete von einer Woche voller Schmerzen. Er hatte viel studiert, zum ersten Mal seit mehreren Wochen wieder Wasserball gespielt und sich von seiner Freundin getrennt. Als ich begann, mit meinen Fingern die Faszien an der Berührungsfläche von m. rectus abdominis und m. pectoralis major voneinander zu lösen, wurden seine Arme und sein Gesicht taub und blieben den größten Teil der Sitzung so. Ich lockerte die Faszien seines Arms. Die Erinnerung daran, wie er sich als Kind den Arm gebrochen hatte, tauchte auf. Als er die damit verbundenen Gefühle durchlebt hatte, kam das Gefühl in seine Arme zurück.

Die Sitzung verlief sehr gradlinig. Ich beabsichtigte, das Bindegewebe des Unterbauchs zu dehnen, den m. rectus abdominis mit seinen faszialen Hüllen und den m. psoas mit seinen Faszien. Ich traf auf dieselben extremen Spannungen wie in der Woche zuvor an anderer Stelle, als ich jetzt an den Muskeln arbeitete, die von vorn an der oberen Hälfte der Lendenwirbelsäule ansetzen. Als er aufstand, sah er deutlich größer aus; sein Körper wirkte voller, und sein Becken stand horizontaler. Mit großer Freude zeigte er seiner Mutter und seinem Zimmernachbarn die Bilder, die wir gemacht hatten.

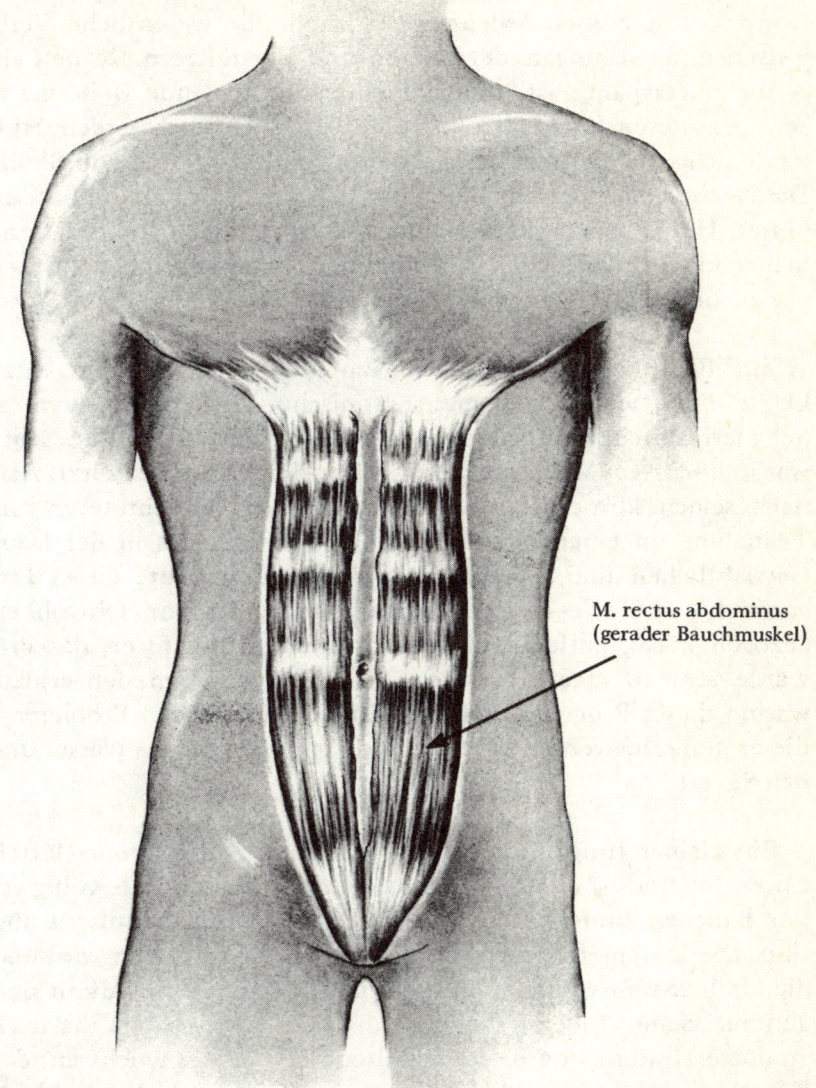

M. rectus abdominus
(gerader Bauchmuskel)

M. rectus abdominus

Der Psoas-Muskel ist eins der am besten gehüteten Geheimnisse unserer Kultur. Man spricht über ihn nur in esoterischen Orthopäden-Kreisen, unter Osteopathen und Rolfern. Die Anatomiebücher von Künstlern vermitteln kaum eine Ahnung davon. Unter Anhängern des Body-Building wird er ignoriert. Aber dieser Muskel ist für die Funktion des Körpers von großer Bedeutung. Er stellt die wesentliche Verbindung zwischen Bewegungen der oberen und der unteren Körperhälfte her. Wenn er verspannt ist, spielt er eine entscheidende Rolle bei Schmerzen im unteren Rückenbereich und bei Ischiasbeschwerden. Ist er nicht im Gleichgewicht, trägt er nachhaltig zur Entstehung von Skoliose bei. Die Nervengeflechte von Bauch und Becken sind in seine Faszien eingebettet. Hat er einen guten Tonus und bewegt sich frei, trägt er wesentlich zu einer ordentlichen Funktion der Eingeweide und der Geschlechtsorgane bei.

Ein 40jähriger Kaufmann kam zu seiner ersten Rolfing-Sitzung. Er klagte über viele Probleme: chronische Rückenschmerzen, sexuelle Schwierigkeiten, Kraftlosigkeit und Mangel an Sensibilität. Sein Körper war in höchstem Maße verspannt, komprimiert und verkürzt. Als ich ihn nach seinen körperlichen Aktivitäten fragte, berichtete er von seiner Teilnahme an einem kombinierten Programm, das in der Hauptsache Gewichtheben und Gymnastik umfaßte. Er mochte dieses Programm gar nicht, weil er es langweilig und schmerzhaft fand. Obwohl er es vorgezogen hätte, einfach nur zu schwimmen, hoffte er, das Programm werde ihm zu einem besseren Aussehen verhelfen. Ich erklärte ihm, warum dieses Programm zur Verfestigung eben jener Probleme beitrug, die er gerne loswerden wollte. „Also, springen Sie ins Wasser und genießen Sie es!"

Ein kleiner Junge liest auf der Rückseite seiner Comic-Heftchen Anzeigen für Body-Building-Kurse, auf denen Männer mit völlig verspannten Bäuchen und Hintern sowie viel zu breiten Schultern abgebildet sind. Die Dummen, denen Dreck ins Gesicht geworfen wird und denen die Mädchen ausgespannt werden, haben schmale Schultern und breite Hüften. Seine Lieblingshelden im Fernsehen haben harte Bäuche, stramme Hintern und breite Schultern. Sein Vater wuchs mit denselben Körperidealen auf. Der kleine Junge beginnt, unter den wohlwollenden Blicken seines Vaters, seinen Bauch einzuziehen, die Brust anzuheben

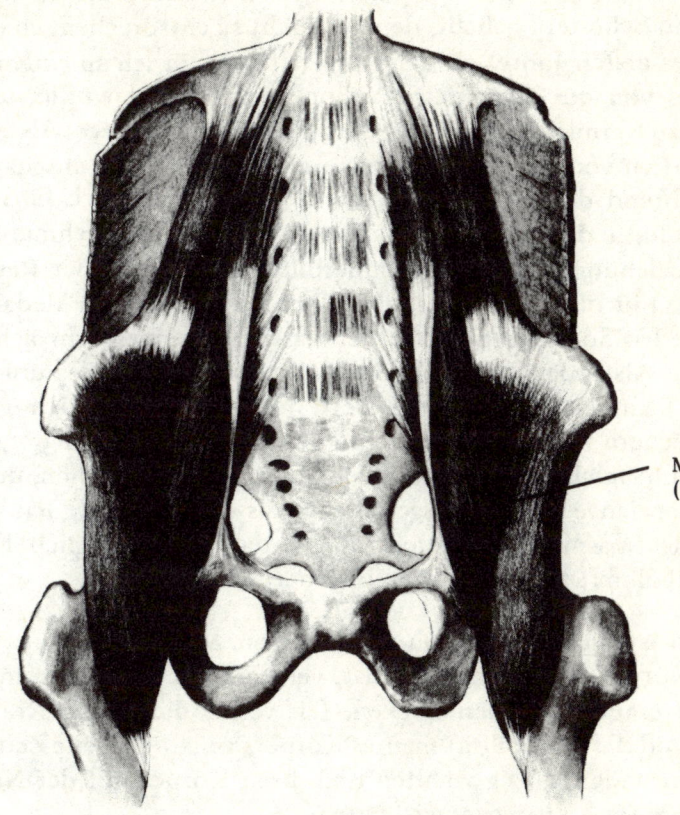

M. psoas
(Lendenmuskel)

M. psoas

und noch mehr von den Liegestützen zu machen, die Papa ihm beigebracht hat. Er wird älter und stellt fest, daß die Frauen seiner Helden alle enge Taillen, große Brüste und durch die Luft schwingende Hintern haben. Er träumt davon, eine solche Frau zú besitzen.

Ich habe das Bild von den Männern mit ihren muskulösen Hintern, Bäuchen und Schultern gehaßt, dem ich nicht zu entsprechen schien. Am Ende meines ersten Jahres an der Universität nahm ich an einem Seminar teil, das von der „American Legion" veranstaltet wurde, um den Studenten zu vermitteln, wie eine Regierung funktioniert. Als ich mir die Fotografien von den Bewohnern unserer Modellstadt anschaute, in der wir während des Seminars wohnten, schämte ich mich für meinen Körper: Ich hatte die schmalsten Schultern von allen Teilnehmern.
Meine Beziehung zu diesem Männerbild bestand in einer Rebellion dagegen, die nur die andere Seite derselben zerstörerischen Medaille ist. Ich haßte jeden Sport, und ich haßte, was ich für einen schwächlichen Körper hielt. Also zog ich mich in die Welt meiner Phantasie zurück und verbrachte Stunden auf meinem Bett mit Tagträumen. Ich vergrub mich in Büchern und wurde ein Intellektueller. Schlau benutzte ich Krankheit, um mich der Welt männlicher Körper zu entziehen, und entwickelte eine lange Krankheitsgeschichte als Asthmatiker. Ich produzierte solche Spasmen, wenn ich rannte, daß ich unmöglich Fußball oder Basketball mit anderen Jungs spielen konnte.

Rebellion ist auch nicht besser als Imitation. Mit der Zeit entwickelte ich einen Körper mit verengter Brust, verspannten Schultern und Hintern, sowie einem schmalen Becken. Ich verlor die innere Kraft und Schönheit und die Sensibilität meines Körpers genau wie jene Zeitgenossen, die den anderen Weg wählten und ihren Körper mit der Norm in Übereinstimmung zu bringen versuchten.

Unsere kulturellen Körperideale machen die Ausbildung der äußeren auf Kosten der inneren Muskulatur notwendig. Die Muskelprotze, jene *reductio ad absurdum* westlicher Body-Building-Programme, legen keinerlei Wert auf die Entwicklung innerer Muskulatur. Wenn Menschen daran denken, ihre Muskulatur durch Training zu kräftigen, haben sie dabei meistens ihre äußere Muskulatur im Kopf.

Die Geschwindigkeit und die Aggressivität der westlichen Kultur ist ein Spiegelbild ihres Körperideals. Äußere Muskulatur nützt schneller Verteidigung. Aber ihre Schnelligkeit und Kraft verhelfen nicht zu feinerer Sensibilität, subtileren Bewegungsformen oder größerer Lust beim Lieben.

Ein 65jähriger Mann sagte einmal zu mir: „Ich verstehe nicht, warum ich soviel Schmerzen habe. Ich fahre jede Woche mehrere Meilen mit meinem Fahrrad durch die Berge. Ich achte auf meine Figur, esse und trinke nie zu viel. Ich habe mich immer um meinen Körper gekümmert." Ray ist auch ein Beispiel für den gesunden amerikanischen Körper, aber bei jeder Bewegung, die er macht, erhöht er die Spannung in seinem Körper. Mit zwanzig fühlt er sich wie im Körper eines 65jährigen.

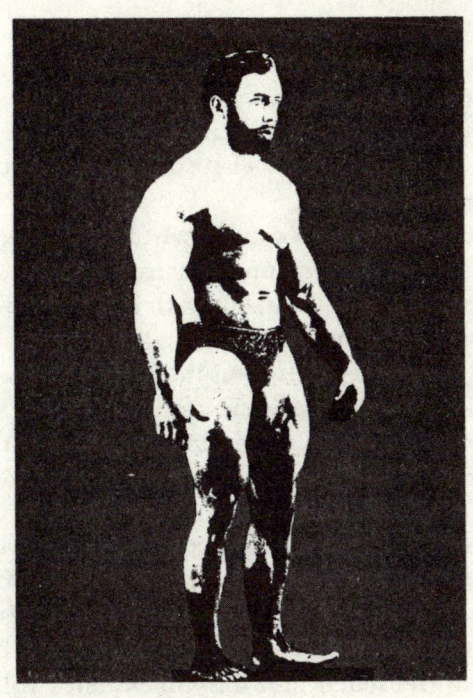

Unsere Kultur lehrt uns, daß Bewegung aufgrund einer Verkürzung und Anspannung von Muskeln stattfindet, also durch Angespanntsein. Während Sie hier sitzen und lesen, „bemühen" Sie sich zu sehen, indem Sie die Muskeln an Ihren Augen anspannen? Wenden Sie mehr Kraft auf als notwendig ist, um die paar Gramm dieses Buches zu halten? Gibt Ihr Rücken Ihnen Unterstützung? Stehen Sie einmal von Ihrem Stuhl auf und machen Sie sich bewußt, wieviel Energie Sie dafür aufwenden. Probieren Sie einmal, ob Sie den dafür nötigen Aufwand mehr und mehr reduzieren können — bis Sie mit einer schwingenden Bewegung aufstehen und durch das Zimmer gleiten. Achtung! Halten Sie die Luft an?

Unsere Kultur — Werte, Lebensstile, Formen der körperlichen Betätigung — dramatisiert jede Anstrengung. Dies kommt von der uralten Überzeugung, man müsse sich bemühen etwas zu sein, was man nicht ist; das Leben sei eine leidvolle Prüfung mit der Aussicht auf irgendeine Glückseligkeit in der Zukunft; wir seien eben nicht gut genug so, wie wir sind.

Eine der unangenehmen Erfahrungen, die viele Menschen in der Anfangsphase des Rolfing machen, besteht in der Entdeckung aller jener Körperteile, die sie ständig unnötigerweise anstrengen. „Um Gottes Willen, ich sitze am Schreibtisch und schreibe einen Brief, und plötzlich merke ich, daß ich ebenso viel Kraft aufwende, als wenn ich den Garten umgrabe!"

Radfahren, Schwimmen, Yoga, Meditation, Sex oder Stuhlgang kann man entweder mit Mühe und Anstrengung oder durch Öffnung und Dehnung des Körpers vollziehen. Der Unterschied liegt allein in der Art und Weise, wie man diese Tätigkeiten ausführt. Jede Aktivität, die man auf die erste Weise ausübt, erhöht Spannungen und Restriktionen im Körper. Tut man sie auf die zweite Weise, nährten sie den Körper, indem sie mehr Energie in der Form von Sauerstoff, Blut, Nährstoffen, Nervenimpulsen und sensorischen Reizen in Fluß bringt.

Die selbstzerstörerischen Programme, die in individuellen Kindheiten erworben werden, treten auch auf kultureller Ebene in Erscheinung. Sind wir willens, die Freude am Erleben des vollen Umfangs unserer Empfindungen, die Fähigkeit zum Gespür für die Vielseitigkeit eines anderen Menschen und das Glück eines vollständigen Orgasmus aufzugeben, der Erhaltung unserer Möbel und unserer schlechten Ernährung, der Architektur unserer Schulen und unserem Wunsch nach größerem Besitz zuliebe?

In diesem Buch rede ich häufig von dem verspannten Körper. Das liegt nicht nur daran, daß das Bild eines solchen Körpers mehr dem allgemeinen ästhetischen Empfinden entspricht, sondern auch an der Tatsache, daß Spannungen und Rigidität für meinen eigenen Körper charakteristisch sind. Ich kenne diese Art Körper von innen. Es gibt auch andere Arten von Körpern, zum Beispiel weiche Körper, deren Hauptmerkmal der Mangel an Tonus ist. Menschen mit solchen Körpern haben in der Regel einen schlechten Kreislauf, bekommen von ihrem myofaszialen System wenig Unterstützung für Bewegungen und verfügen über wenig Energie. Während es für meinen Körper wichtig ist, sich zu dehnen und aufgestaute Energien zu entladen, muß der andere Körpertyp lernen, Bewegung in vormals unbewegliche Gewebeschichten zu bringen.

ALTERN

Eines der bedeutsamsten Programme, die uns unsere Kultur über den Körper vermittelt und die in unseren Familien konkret werden, betrifft die Einstellung zum Altern. Ein allgemeines Gedankenmuster lautet ungefähr folgendermaßen: Der Körper wächst und reift bis zu seinem Höhepunkt, der mit ca. Mitte zwanzig erreicht ist, danach verschlechtert sich sein Zustand schrittweise bis zum Tod. Das Programm kann noch drastischer sein. Von dem Lebensstil meines Vaters lernte ich, daß der Körper eine schmerzliche Last ist. Als Mann muß man ihn ertragen, um sich sein Leben zu verdienen, wie Adam nach dem Sündenfall. Von meiner katholischen Mutter erfuhr ich, daß der Körper eine gefährliche Angelegenheit sei, weil in ihm die größten Versuchungen zum Begehen von Sünden stecken, die einen in die Hölle bringen könnten (und sehr wahrscheinlich auch würden). In der Tat war die Hölle ja auch die Tortur dieses Körpers im Feuer. (Obwohl der Katechismus lehrte, die Hauptqual der Hölle bestehe in dem Bewußtsein, von Gott getrennt zu sein, erschien mir das nicht annähernd so real wie die Vorstellung, mit meinem Körper auf ewig zu brennen.) Also bedeutete, in einem Körper zu stecken, für mich ständigen Kampf, eine dauernde Belastung und Veränderung zum Schlechten. Älter zu werden verschärfte nur noch die bedrückende Vorstellung, in einem Körper auf das Ende warten zu müssen.

Die kulturellen Schönheitsnormen stehen in direktem Zusammenhang mit unseren Einstellungen zum Altern. Sowohl Männer als auch Frauen fühlen sich von den ersten Anzeichen grauer Haare, von Runzeln, Falten oder Haarausfall betroffen. „Altern" heißt, die äußere Form des jugendlichen Mesomorphen oder zwanzigjährigen Schönheitskönigin verlieren. Viele von uns kümmern sich nicht so sehr um ein Nachlassen innerer Funktionen wie um Veränderungen im Äußeren, die als Verschlechterung interpretiert werden.

Ihr eigenes Programm über das Altern taucht vielleicht gerade in diesem Augenblick auf, wenn Sie zu sich sagen: „Aber der Körper ist eine physische Sache und folglich physikalischen Gesetzen unterworfen. Altern ist ein physikalisch determinierter Prozeß." Wissen Sie wirklich über diesen Prozeß Bescheid und kennen die unumgänglichen Gesetze, nach denen er abläuft? Versicherungsstatistiken sind keine unumstößlichen Gesetze. „Realität" ist nicht, was man so nennt, noch nicht einmal das, was Wissenschaftler dafür halten.

John, ein Forscher, ist 42 Jahre alt. Seine Beine, seit seiner Kindheit stark verdreht, bereiteten ihm andauernd Schwierigkeiten; sie waren schlecht durchblutet, schwächlich und unbeholfen. Nach einigen Rolfing-Sitzungen waren sie sichtlich gerader geworden. Mit Freudentränen in den Augen rief er aus: „Ich hätte nie geglaubt, daß meine Beine sich mit 42 Jahren noch so verändern könnten!"

Die ersten 35 Jahre meines Lebens lang hatte ich chronische Schmerzen in verschiedenen Teilen meines Körpers. Ich hatte nicht genug Kraft, um irgendeinen Sport außer Golf zu betreiben. Spätestens seit ich vier Jahre alt war, war ich steif und verspannt. Sport und Tanz waren mir verhaßt, weil ich mich so linkisch und schwach fühlte. Jetzt bin ich 42 und habe mehr Energie, als ich brauche. Ich liebe es, zu tanzen und zu rennen. Ich lege mit dem Fahrrad Bergstrecken zurück, die meinen jüngeren Freunden zu anstrengend sind. Als meine Frau Elissa 35 Jahre alt war, mußte sie häufig wegen Bandscheibenbeschwerden im Bett liegen; man hatte ihr zu einer operativen Versteifung der zwei betroffenen Wirbel geraten. Heute, neun Jahre später und ohne Operation, tanzt sie wieder, wie sie es tat, als sie zwanzig war, nur sind ihre Bewegungen fließender, der Tonus ihres Körpers ist höher, und sie verfügt über mehr Energie.

José ist 88 Jahre alt. Er wohnt in einem nahen Dorf in einem Haus, in das er vor 75 Jahren gebracht wurde, als seine Familie von Barcelona aus dorthin zog. Als Rancher und Zureiter lebte er ein urwüchsiges Leben. Er ist berühmt dafür, daß er junge Damen in sein Haus einlädt, um die Nacht mit ihnen zu verbringen. Sie sagen, er sei ein hervorragender Liebhaber.

Ein anderes Modell des Alterns beruht auf den natürlichen Gegebenheiten des Bindegewebes. Auf körperlicher (wie auch jeder anderen) Eben sind wir bei unserer Geburt ein Häufchen unbegrenzter Möglichkeiten. Von den Hunderttausenden von Bewegungsmustern, die das Baby schließlich erwerben könnte, wird es nur einen kleinen Ausschnitt tatsächlich lernen. Einige wird das Kleinkind erwerben, wenn es die wichtigsten menschlichen Bewegungsformen lernt: Krabbeln, Gehen und Sitzen. Andere wird es als spezielle Fertigkeiten entwickeln: Schreiben mit einem Stift, Ballspielen, Tanzen, Klavierspielen, Malen. Aus dieser Sicht ist Altern eine Fortsetzung des Wachstumsprozesses, der ja unter anderem in einer zunehmenden Verfeinerung der ursprünglich undifferenzierten Bewegungsmöglichkeiten des Kindes besteht. Wenn Sie bereit sind, die Grenzen Ihres Programms zu überschreiten, werden Sie mit 60 Jahren mehr Bewegungsformen beherrschen als im Alter von zwanzig Jahren. Trotz der in den letzten Jahrzehnten zunehmenden Einschränkungen gewinnen wir an Scharfsinn und Wissen. Selbst eine an den Rollstuhl gebundene Person hat die Möglichkeit zum Erwerb subtiler Bewegungen, die man oft nicht vermutet.

Aus dieser Vision erwächst die Chance für ein harmonisches Wachstum, bei dem zwischen intellektueller Entwicklung, körperlicher Verfeinerung, emotionalem Gleichgewicht und spiritueller Weisheit ein Gleichklang entsteht. In diesem Modell repräsentiert weder der glückliche Säugling noch der lebensfrohe Teenager den besten Teil des menschlichen Lebens, der im Alter von 30 Jahren unwiederbringlich verloren ist. Das Ideal liegt in der Harmonie, der Tiefgründigkeit und der Weisheit, die nur nach einem langen Leben möglich sind.

„Und was ist mit dem Verfall physikalischer Systeme? Wo bleibt das zweite Gesetz der Thermodynamik?" Tatsache ist, daß uns keine Tatsachen vorliegen. Alle gegenwärtigen physiologischen Theorien basieren auf der Beobachtung von Körpern in Kulturen, die programmiert sind, auf bestimmte Weise zu altern. Die Körper, die der medizinischen Forschung im allgemeinen zur Verfügung stehen, sind die von Menschen, die sich weder um eine gesunde Ernährung, körperliche Betätigung, Methoden zum Reduzieren von Streß oder das Verhältnis zwischen innerpsychischen Programmen und Körperprozessen gekümmert haben. Bevor wir nicht über eine große Stichprobe verfügen, die ein grundsätzlich anderes Verhältnis zum Körper repräsentiert, sind die wissenschaftlichen Theorien vom Altern genauso wertlos wie die Tabellen von Lebensversicherungs-Gesellschaften. Sie deuten nur auf die durchschnittliche Lebenserwartung eines Menschen in einem bestimmten Land zu einer bestimmten Zeit hin.

Überall um uns herum gibt es einzigartige Menschen wie den alten José oder Ida Rolf, die vom durchschnittlichen Muster des Alterns abweichen. Aber wie jede andere Form von Genies auch, verdeutlichen sie nur die Möglichkeiten, die in uns allen vorhanden sind.

Wieder wird Schmerz zu einem bedeutsamen Thema. Im Alter sind die Risiken größer, weil die Unausgeglichenheiten früherer Jahre intensiver geworden sind. Das Muster bleibt dasselbe: Jemand hat Schmerzen (zum Beispiel im Rücken, wenn er aus dem Bett steigt); augenblicklich reagiert er darauf, indem er eine Haltung einnimmt, die die Schmerzen lindert (sagen wir, er beugt sich vornüber). Aber dann trägt er diese Haltung, die für den Augenblick nützlich war, in andere Tätigkeiten hinein. Durch das Gebeugtsein wird der Körper noch angespannter, so daß die Schmerzen am nächsten Morgen sogar noch schlimmer sind. Man muß sich bewußt machen, daß die Formbarkeit des Körpers selbst im Alter von 70 oder 80 Jahren viele verschiedene Reaktionen auf Schmerz zuläßt. Es gibt ebenso viele schmerzlindernde Arten zu atmen, zu sitzen und zu gehen wie solche, die den Schmerz vermehren.

Als ich mit 30 Jahren an der Loyola-Universität von Los Angeles Philosophie unterrichtete, wurde ich vom Vize-Präsidenten gebeten, mich um den französischen Philosophen Gabriel Marcel zu kümmern, der für drei Tage auf Besuch kam. Es wurde zu einem Wendepunkt in meinem Leben in meinem Verhältnis zum Altern. Als ich im südlichen Teil Kaliforniens mit diesem überschwenglichen 76 Jahre alten Mann herumfuhr, der an allem Freude hatte, was er sah, und auf herzliche Weise mit allen Leuten sprach, die wir trafen, wurde mir klar: Er war eine völlig andere Art alter Mensch, als ich jemals vorher erlebt hatte. Er sprach voller Liebe und Begeisterung von seiner Frau und seinen Kindern, von den jungen Studenten, denen er begegnete, und all den wunderbaren Orten auf der Welt, die er gesehen hatte. Er war auf der Polroute nach Los Angeles geflogen und hatte dabei zum ersten Mal den Nordpol überquert. Er erzählte mir, wie beeindruckt er von den riesigen Bergen Alaskas und den endlosen Schneewüsten gewesen sei. Wir saßen stundenlang am Rand der Steilküste von Playa Del Rey, von wo aus man über ganz Los Angeles schauen kann, und er ließ mich an seiner Weisheit teilhaben. Mir wurde bewußt, daß alle alten Menschen, die ich bis dahin getroffen hatte, auf mich gewirkt hatten, als seien sie in körperlichen Verfall und Traurigkeit verstrickt und erwarteten den Tod. Ich war zu dem Schluß gekommen, daß das Alter eine traurige, unvermeidliche Geschichte sei. Jetzt freute ich mich plötzlich aufs Älterwerden.

Ida Rolf hielt einmal einen Vortrag zum Thema: „Wenn Rolfing so wirksam ist, warum wurde es nicht schon früher entdeckt?" Ihre Antwort verwies auf die kulturelle Entwicklung. Das von Ida entworfene körperliche Ideal umfaßt ein Höchstmaß an Leichtigkeit, Schnelligkeit, Weichheit, Reaktionsfähigkeit und Offenheit der Wahrnehmung. Derartige Körper sind in einer kriegerischen Kultur nicht gut angepaßt. Die Härte, die in früheren Kulturen von Menschen erwartet wurde, machte dickere, stärker gepanzerte Körper zum Überleben notwendig. Das trifft auf Männer und Frauen zu. Obwohl die Männer in den Kampf zogen, führten sowohl Männer als auch Frauen ein im großen und ganzen körperlich anspruchsvolles Leben; es war eine ständige Plackerei. Die Frauen mußten die Belastungen häufiger Entbindungen aushalten. Erst in diesem Jahrhundert stellt ein Körper mit maximaler Leichtigkeit und Flexibilität für eine große Anzahl von Menschen eine gangbare Alternative dar.

Jim Polidora, der an der Universität von Kalifornien in Davis körperbezogene Psychotherapien lehrt, schrieb einmal: „Man hört nicht auf zu spielen, weil man alt wird; man wird alt, weil man aufhört zu spielen."

5

Der Körper und die Erde

Die Beiträge, die die Ereignisse Ihrer persönlichen Geschichte und Ihr Verhältnis zu den körperlichen Idealen der Kultur zu Ihrer Körperstruktur geleistet haben, sind oft durch die allgegenwärtige Anziehungskraft der Erde noch verstärkt oder entstellt worden. Die Schwerkraft umgibt uns wie auch die Luft permanent und deshalb bemerken wir sie kaum einmal, von den wenigen Augenblicken abgesehen, in denen sie uns ihre An- oder Abwesenheit drastisch deutlich macht: wenn wir fallen, wenn wir auf einer Achterbahn die erste steile Gefällestrecke hinabsausen oder wenn wir durch das „Mystery Spot" in Santa Cruz laufen, wo das Kräftefeld der Erde nicht vertikal wirkt; schließlich waren einige von uns noch der Schwerelosigkeit des Alls ausgesetzt. In der Regel hinterlassen die Geschehnisse unserer Geschichte nur ganz leichte Unregelmäßigkeiten in unserem Körper. Erst der jahrzehntelange Einfluß der Schwerkraft verstärkt sie so, daß sie der Rede wert werden.

Der Körper des Menschen ist für die Vertikale geschaffen, das heißt: Die Körperfunktionen — Kreislauf, Atmung, Verdauung, Sexualität, Lymph- und Nervensystem — arbeiten dann optimal, wenn die Körperstruktur optimal im Kräftefeld der Erde ausbalanciert ist — im Gegensatz zu den Körperstrukturen von Katzen oder Rehen, die am besten funktionieren, wenn ihre Wirbelsäule sich horizontal zur Erde verhält. Beachten Sie, daß wir im Moment über Struktur und nicht über Haltung sprechen. Ob jemand nun gerade steht, sitzt oder liegt, seine Struktur kann so beschaffen sein, daß sie in der Vertikalen Wohlbefinden oder aber Mißbehagen verursacht.

Allerdings war es für den Menschen, diese neue Schöpfung, nicht leicht, sich an die Anziehungskraft der Erde anzupassen. In Wirklichkeit befinden wir uns noch in einem Zwischenstadium zwischen unseren Vorfahren, den Primaten, und Wesen, deren Gleichgewicht völlig mit der Schwerkraft im Einklang steht. Es gab Rückschläge und Fortschritte im Kampf der Menschheit um eine bequeme, vertikale Struktur. Die Kunst des alten ägyptischen Königreichs belegt ein klareres Verständnis von der Bedeutung der Vertikalen als es in späteren Epochen in Ägypten und den Mittelmeerkulturen Griechenlands und Roms erreicht wurde. Die lebensgroßen Statuen aus dem ersten Jahrhundert vor Christus, die erst kürzlich in Peking entdeckt wurden, zeigen ein bemerkenswertes Gefühl für die Vertikale, wie es auch die Indianer besitzen, die heute in den Bergen Mexikos leben. Die Evolution verläuft nicht gradlinig, sondern zyklisch, sie begibt sich auf falsche Wege und gerät in Sackgassen. Aber ihre Dynamik bleibt konstant. Sie führt in die Richtung einer immer besseren Anpassung an die Umwelt. Und ein wesentlicher Umweltfaktor ist die Schwerkraft.

So, wie Ihr Körper heute ist, verdeutlicht er Ihr Verhältnis zum Kräftefeld der Erde. Der Körper ist wie jede andere physikalische Struktur den Gesetzen der Physik ausgesetzt.

Als ich sechs Jahre alt war, spielte ich einmal mit einem Nachbarjungen auf dem Hof. Wie üblich, stellte ich mich so dumm an, daß er irgendwann seinen Baseballschläger nach mir warf und mich nahe meinem rechten Auge an der Schläfe traf. Als ich 31 Jahre später begann, mir ein genaues Gespür für meinen Körper zu erwerben, entdeckte ich eine starke Unausgeglichenheit zwischen der rechten und linken Seite meines Kopfes, die sich hauptsächlich in den Augen zeigte. Ein leichtes Ungleichgewicht im Alter von sechs Jahren war über dreißig Jahre hinweg immer stärker geworden.

Der Folgende ist ein verbreitetes Muster: Der eine Woche alte Johnny fängt gerade an, sich in seiner neuen Umgebung umzuschauen. Da er die meiste Zeit, wenn er wach ist, auf dem Bauch liegt, legt er seinen Kopf in den Nacken, um diese Heldentat zu vollbringen. Das macht er während seines ersten Lebensjahres sehr häufig. Gleichzeitig bleibt die Vorderseite seines Beckens stark einwärts gebogen, da er sich häufig in die fötale Haltung begibt, in der er sich vor ein paar Monaten so wohl gefühlt hat. Dazu kommt, daß Johnnys Kopf während der Geburt leicht verformt wurde, so daß er jetzt kaum merklich nach links gedreht ist. Eine ähnliche Verzerrung tritt an seinem Hüftgelenk auf, wo der linke Oberschenkelknochen mit einem Winkel auf das Becken trifft, der nur geringfügig von 90 Grad abweicht. Johnny hat es bereits geschafft, ein einmaliges körperliches Bewegungsmuster aufzubauen, indem er nun seine pränatalen Verzerrungen mit den neuen Anpassungen an seine Umwelt verbunden hat. Wenn Johnny jetzt das Laufen lernt, lernt er es von Eltern, deren Kopf vom Lot nach vorn abweicht und in den Nacken gelegt ist und deren Becken gekippt sind. Folglich erhält Johnny die Verkürzung im Nacken, die er sich erwarb, als er im Zimmer umherschaute, ebenso aufrecht wie die Verkürzung im Bindegewebe an der Vorderseite des Beckens. Außerdem lehnt er sich auf Höhe des Halses ein wenig nach links und auf Beckenhöhe etwas nach rechts. Man muß sich im klaren darüber sein, daß mit Johnny alles in Ordnung ist. Es liegt keinerlei nennenswerte funktionelle Beeinträchtigung vor. Er ist ein gesundes, lebhaftes Baby.

Aber jetzt stellen Sie sich einmal mit den Augen eines Architekten vor, was geschieht, wenn Johnny aufwächst. Lassen wir dabei einmal außer acht, daß er ein Mensch aus Fleisch und Blut ist, der mit neuen Interessen, alten Aggressionen und vielerlei Verwirrungen zu kämpfen hat. Betrachten Sie ihn wie jede andere physikalische Struktur. Stellen Sie sich zum Beispiel vor, was es für Johnny bedeutet, seinen inzwischen sechs Kilo schweren Kopf ständig nach vorn verschoben zu tragen. Mit 13 Jahren macht das vielleicht schon ein Drehmoment von einem Kilo aus. Sie können ausprobieren, was das heißt, wenn Sie ein Weilchen ein gebundenes Buch mit sich herumtragen. Halten Sie es in der Hand, dicht an Ihrem Körper. Spüren Sie, wie die Spannung in Ihrem Arm, den Schultern und dem Hals leicht steigt. Und jetzt stellen Sie sich vor, daß Johnny jahrelang ein solches Gewicht mit sich herumschleppt, wenn er nicht gerade liegt. Seine Schultern und sein Nacken müssen sich anstrengen, um den Kopf oben zu halten. Das Gewebe verdickt sich und geschmeidige Muskeln werden wie Sehnen. Nach weiteren zehn Jahren der Auseinandersetzung mit den Belastungen des Lebens hat sich das Drehmoment auf zweieinhalb Kilo erhöht, da sein Kopf noch ein klein wenig weiter nach vorn gerutscht ist. Während er die Universität besucht, hat er immer öfter Kopfschmerzen und seine Augen werden schlechter. Nach weiteren 15 Jahren ist sein Kopf noch weiter nach vorn verschoben, und wenn er die Lebensmitte erreicht, leidet er womöglich an Arthritis der Halswirbelsäule.

Die Schwerkraft ist ein ständiger Lehrer. Wenn wir nicht lernen mit ihr zu tanzen, zerstört sie uns langsam. Beim Lernen des Tanzes gewinnen wir jedoch neue Energien, die unser Leben verändern können.

Achten Sie auf die augenblicklichen Wirkungen der Schwerkraft auf Ihren Körper. Bewegen Sie sich nicht und spüren Sie, wie Ihr Körpergewicht von Ihrem Becken getragen wird. Beachten Sie das Gewicht Ihres Kopfes, Ihrer Schultern und Ihrer Brust. Schauen Sie, ob das Gewicht Ihres Rumpfes mehr nach der einen oder der anderen Seite verlagert ist. Überträgt sich das Gewicht dieses Buches in Ihren Händen auf Ihre Brust oder Ihren Rücken?

Ida Rolf entdeckte, daß sich das allgegenwärtige Kräftefeld der Erde vom Feind zum Freund verwandeln läßt. Sie ignorierte die allgemeine Annahme, daß der Weg von der Geburt zum Tod in einem permanenten Verfall des Körpers aufgrund der Erdanziehungskraft bestehe. Sie fand heraus, daß der Körper von der Erde unterstützt wird, wenn seine großen Segmente im Lot sind. Körperliches Leben wird dann nicht zur Mühsal, sondern zu einer neuen Energiequelle. Altern ist dann der schrittweise Erwerb des eigenen Reichtums an Erfahrung und nicht der Prozeß einer schmerzlichen Veränderung zum Schlechten.

Eine Frau erzählte mir einmal, von einem Mann gerolft worden zu sein, dessen Namen ich nicht kannte. Sie behauptete, er sei in Marokko ausgebildet worden. Ich erklärte ihr, daß sie mit Sicherheit nicht gerolft worden sei; Rolfing ist so amerikanisch wie McDonald's Hamburger. Seine esoterische Quelle sprudelte in der Bronx, wo Ida Rolf in ihren jüngeren Jahren an Yoga-Kursen teilnahm.

Ida Rolfs Sternzeichen war Stier. Sie wurde 1896 in New York geboren und starb 1979 in New Jersey. Sie sah aus wie ein Druide: klein, mit muskulären Armen und knorrigen Händen, denen die Spuren des vierzigjährigen Umgangs mit Körpern anzusehen waren, in die sie sich eingegraben haben. Wie die meisten Achtzigjährigen, die eine gedankliche Schule begründet und viele ehrfürchtige Anhänger haben, war sie oft brummig und autoritär. Einmal gab sie Adam Smith ein Interview, der sie mit der Bemerkung zitierte, alle Rolfer außer ihr selbst und ihrem Sohn seien Tagelöhner und mit der Ausbildung von Leuten ließe sich sowieso kein Geld verdienen. Lebhaft bestritt sie, eine solche Äußerung gemacht zu haben, aber viele von uns erkannten einen gewohnten, wenn nicht völlig zutreffenden Unterton in diesen Worten.

Wenn sie von innen heraus redete, war ihre Weisheit jedoch so machtvoll wie die eines jeden Gurus. An so manchem Morgen kam sie mit verschlafenem Gesicht zum Unterricht und erweckte den Eindruck, sich auf nichts vorbereitet zu haben. Jemand fragte etwas. Und plötzlich fand man sich in tiefgründige Gedankengänge verwickelt, die eine Beziehung zwischen dem faszialen Netz im Körper und der Weltgeschichte herstellten.

Im Jahre 1920 promovierte Ida Rolf in Columbia als Biochemikerin. Danach arbeitete sie bis 1928 am Rockefeller Institute. Wie jeder echte New Yorker durchstöberte sie das örtliche Angebot an Heilkünsten, Yoga-Kursen, verschiedenen Formen körperlicher Bewegung und esoterischen Philosophien. Ihr Sohn war mit einem Wirbelsäulenschaden zur Welt gekommen, den die Ärzte nicht beheben konnten. Also schaute sie sich anderweitig um und traf auf Naturheilkundler, Osteopathen, Radiästhesie-Praktiker, spirituelle Heiler und Yoga-Ärzte. Als sie begann, das Gelernte bei ihren Familienangehörigen anzuwenden, entdeckte sie, daß sie deren Körper radikal verändern konnte. Sie fing an, auch mit anderen Körpern zu experimentieren, und bildete ihren Sohn zu ihrem Assistenten aus. Diese frühen Jahre legten den Grundstein für ihr weiteres Leben, das sie damit verbrachte, „von Hinz zu Kunz" zu reisen (wie sie oft müde anmerkt). Sie lebte aus dem Koffer und behandelte die Beschwerden der Menschheit. Eine für diese Jahre typische Begebenheit ist, wie sie sich durch einen Schneesturm von Long Island zum Waldorf Astoria durchschlug, um an dem steifen Rücken einer Comtesse zu arbeiten. Dankbar nahm sie für zwei Stunden Arbeit fünf Dollar.

Anfang der 60er Jahre traf Dorothy Nolte, eine der wenigen von Ida Rolf ausgebildeten Leute, bei einer Konferenz in Los Angeles auf Fritz Perls. Wegen des schlechten Zustands seines Herzens waren ihm nur noch wenige Lebensmonate in Aussicht gestellt worden. Dorothy gab ihm eine erste Rolfing-Sitzung und erzählte ihm von Ida Rolf, die er sofort nach Esalen einlud. Sie packte ihre Koffer, verließ ihr Apartment an der West Side und wurde über Nacht zu einem Star des neu entstandenen „Human Potential Movement". Sie wurde

ermuntert, ihr Wissen so zu strukturieren, daß es systematisch weitervermittelt werden konnte. Sie fing an, kleine Gruppen von Prakti-
kanten, zwölf bis fünfzehn pro Jahr, zu unterrichten — und an ihrem
80. Geburtstag im Mai 1976 gab es 150 Rolfer, eine Gruppe gut aus-
gebildeter Lehrer und ein ausgeklügeltes fortlaufendes Ausbildungs-
programm. Eine Reihe von Forschungsprojekten sind in Arbeit. Ge-
trennte Arbeitsgruppen entwickeln ihre Ideen auf den Gebieten der
Körperbewegung, Anatomie und Physiologie weiter.

Wie alle Genies der Geschichte hatte Ida Rolf eine einfache Einsicht, die ein ganzes Gewebe von Konfusion ordnete: (1) Man be-
trachte den Körper als ein Aggregat großer Massen (Kopf, Schultern,
Rumpf, Bauch, Becken, Beine, Füße), die sich durch das Schwere-
feld der Erde bewegen. (2) Das Verhältnis dieser Massen zueinander
kann aufgrund der Plastizität des Bindegewebes verändert werden.
(3) Der Körper funktioniert auf allen Ebenen (physiologisch, mechanisch, emotional, spirituell) am besten, wenn die Schwerpunkte
der Segmente sich auf einer senkrechten Linie zur Schwerkraft befinden, so daß Vorder- und Hinterseite sowie rechte und linke Seite
im Gleichgewicht sind. „Also stecke deine Hände in den Körper",
sagte sie oft, „höre auf zu denken und fange an zu arbeiten." Mehr
gibt es dazu nicht zu sagen.
Die Illustration, die zum Symbol für Rolfing geworden ist, ist die
schematische Darstellung eines Kindes, mit dem Ida arbeitete. Die
großen Körpersegmente sind in Blöcke eingefaßt, um das Verhältnis
der Segmente zueinander und zur Schwerkraft vor und nach dem
Rolfing zu veranschaulichen.

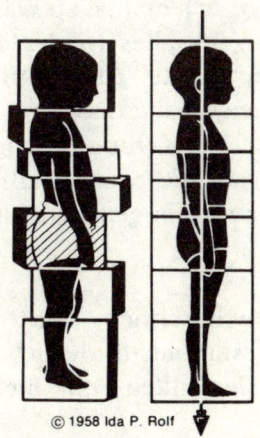

© 1958 Ida P. Rolf

„Die Biologen haben immer versucht zu verstehen, wie die Form von Lebewesen — zum Beispiel die Form einer Hand oder die eines Blattes — ihrer Funktion angepaßt ist. Jetzt beginnen wir zu erkennen, wie sogar die Gestalt von Molekülen innerhalb von Zellen mit der Mechanik biologischer Prozesse in Beziehung steht."[8] Wir fangen auch an zu begreifen, wie sich die Form des Menschen zu seiner Funktion verhält.

Die Entwicklung einer Einzelwissenschaft besteht darin, totale Systeme (Sonnensystem, Nervensystem, Moleküle) von einem Standpunkt aus zu beobachten, der zu Ergebnissen führt. So führt beispielsweise die Beobachtung des Sonnensystems im Rahmen der Newtonschen Physik zu Ergebnissen. Die Beobachtung desselben Systems aus der Einsteinschen Perspektive bringt noch interessantere und weiterreichende Resultate hervor. Unsere Generation ist Zeuge der Geburt einer Wissenschaft vom menschlichen Körper als einem totalen System, das von verschiedenen Standpunkten aus untersucht werden kann — in unserem Zusammenhang als ein System von Verhältnissen unter der Wirkung physikalischer Gesetze.

In meinen jungen Jahren habe ich gelernt, daß das Leben ein ständiger Kampf in einem feindlichen Universum ist. Ich bin nicht nur von allen Seiten von negativen Kräften umgeben, ich lebe auch noch in einem Körper, der die angeborene Tendenz hat, mich auf eine Erde hinabzuziehen, die nichts als Widerstand bietet. „Im Schweiße deines Angesichts sollst du dein Brot verdienen." Ich habe eine riesige Menge an Energie investiert, um zu beweisen, daß diese Sicht des Lebens richtig ist. Wenn die Dinge sich einmal zu klären begannen oder leichter für mich wurden, brachte ich alles wieder durcheinander, nur um zu zeigen, daß ich kämpfen mußte, daß ich im Grunde dämonisch war und daß andere Menschen, insbesondere weise Menschen, es darauf angelegt hatten, mich in Verwirrung und in Versuchung zu bringen. Aber ich habe erkannt, daß dies nur ein Bild vom Leben ist, das ich mir ausgewählt und mir zu eigen gemacht habe; es war eine Art Filter für meine Erfahrung.

Während ich dieses Buch schrieb, spürte ich einen alten Schmerz wieder, der aus der Zeit stammt, in der ich meistens schrieb oder las. Der Schmerz beginnt an der linken Seite meines Nackens, in der Mitte

zwischen Schulter und Kopf. Er fühlt sich an, als würde ich feste ge-
kniffen. Obwohl ich versuchte, diese Seite loszulassen und ihr mehr
Platz zu geben, indem ich meine rechte Schulter fallen ließ und meinen
Kopf ein bißchen mehr nach rechts brachte, blieb der Schmerz bestehen. Als ich anfing, dieses Kapitel zu schreiben, stellte ich einen
großen Spiegel vor mich und entdeckte, daß das Problem rechts lag:
Meine rechte Schulter ist gewöhnlich höher als meine linke, und mein
Kopf ist nach links geneigt. Wenn ich das korrigiere und meine Schultern ins Gleichgewicht bringe, fühle ich, wie der Schmerz nachläßt.

Eine typische Behandlungsserie im Rolfing besteht aus zehn Sitzungen, von denen jede ungefähr eine Stunde dauert. Die Zahl der
Sitzungen und ihr Ablauf variieren jedoch entsprechend den Bedürf-
nissen der betroffenen Person. Während jeder Sitzung arbeitet der
Rolfer im Einklang mit den bewußten Reaktionen des Klienten, indem er seine Hände so benutzt, daß verhärtetes, verspanntes oder
atrophisches Gewebe im Körper des Klienten positiv verändert wird.
Die zehn Sitzungen mit Ray, die ich in diesem Buch beschreibe, sind
dazu gedacht, Ihnen einen Eindruck von dem typischen Ablauf der Basistherapie zu vermitteln. Die anatomischen Zeichnungen sollen die
wichtigsten in diesen zehn Sitzungen bearbeiteten Körperbereiche verdeutlichen. Nach der Basistherapie ist es möglich, von Zeit zu Zeit eine
weitere Sitzung anzuschließen, um den Streß, den das Leben mit sich
bringt, weiter zu reduzieren, die eigene Entwicklung fortzusetzen oder
eventuelle Folgen neuerlicher Verletzungen zu korrigieren.

Die Plastizität des Körpers ist gegeben. Sie können sich damit Vor-
würfe machen und sich erzählen, wie schlimm Sie doch aus der Reihe
geraten sind. Sie können sich auch mit der Veränderung Ihres Körpers
verrückt machen und zusätzlichen Streß in den Veränderungsprozeß
bringen. Oder Sie können spüren, was ist, sich darauf einlassen und sich
in den Strom des Bewußtseins begeben, das aus der Erfahrung dessen,
wie Ihr Körper ist, erwächst.

Dieses Buch soll Sie nicht dazu bewegen, sich zu verändern, sondern
Ihnen helfen wahrzunehmen, daß Sie Veränderung sind.

DAS GEHEIMNISVOLLE „AUFRECHT"-SEIN

Im Körper drücken sich emotionale und spirituelle Energie dadurch aus, wie er sich aufrecht hält. Wenn wir uns gut, selbstbewußt und kraftvoll fühlen und unser Leben in der Hand haben, ist eine Unbeschwertheit und Geradheit in unserem Körper, die wir sofort verlieren, wenn wir erledigt oder niedergedrückt sind und uns schlecht fühlen. In seiner Jugend, als Johnnys Kopf anfing, ihn mit drei bis fünf Pfund zu belasten, war er häufig deprimiert, mochte seinen Körper nicht, schämte sich seiner Sexualität und war sich seiner Fähigkeiten unsicher. Er hatte wenig Kraft dafür übrig, seinen Kopf aus der Wirbelsäule heraus auf den Schultern zu halten. Folglich zog ihn die Schwerkraft weiter nach unten. Hierin liegt eine der tiefsinnigsten Verbindungen zwischen der Sprache des Körpers („vertikal", „aufrecht") und der Sprache des Geistes („hoch", „aufrichtig").

Der Versuch, sich an das vertikale Kräftefeld der Erde anzupassen, ist paradox.

Im Pueblo von Santa Clara am Rio Grande in der Nähe von Espanola in New Mexico steht ein großes Gebäude aus Ziegelsteinen, das fünfhundert Jahre alt sein soll. Seine Mauern sind an manchen Stellen mindestens zehn Grad aus dem Lot. Dieses Gebäude steht schon Jahrhunderte länger als viele anscheinend ihrer Struktur nach stimmigeren Häuser, die von spanischen und amerikanischen Ingenieuren gebaut wurden. Es zeichnet sich nicht durch Vertikalität aus; sein Geheimnis liegt in dicken aus Ton und schweren Balken gebauten Wänden. Der Körper des alten José ist nicht mit der Schwerkraft im Einklang; er ist schwerfällig, knorrig und verzerrt. Aber er hat ihm gut gedient. Die Frage ist, welche Alternativen existieren.

Das geheimnisvolle „Aufrecht"-Sein ist nicht identisch mit „gerade stehen". Das letztere lernen wir von Eltern oder Unteroffizieren. Es handelt sich dabei um eine Anweisung, die Anstrengung und Kontrolle in den Körper bringt. Sie führt zu Militarismus, Verpanntheit und Mangel an Spontaneität.

Meinen ersten Vortrag über Rolfing hielt ich im Januar 1972 an der Universität von Prescott. Ein feindseliger Professor der Anthropologie stand auf und sagte: „Schon Philipp von Mazedonien kannte Ida Rolfs Modell vom Körper. Es wurde über die Jahrhunderte als das Modell des kriegerischen Soldaten überliefert." Ich bat ihn dieses Modell zu demonstrieren. Er zog den Bauch und die Schultern zurück, streckte die Brust vor und schob das Kinn nach hinten. Jeder im Publikum außer ihm selbst konnte sehen, daß er nicht auf bequeme Weise an der Fallinie ausgerichtet war. Sein Hals war verkürzt, der Kopf viel zu weit vorne und das Becken stark gekippt. Sein ganzer Körper war angespannt. Aber es war eine treffende Darstellung des militärischen Modells. Diese Art von „aufrecht" führt in Wirklichkeit abwärts; der Körper wird zusammengezogen und zum Schutz gepanzert.

Es ist oft am einfachsten, Architekten zu erklären, was Rolfing ist. Sowohl Rolfer als auch Architekten sind darin geschult, was ich „strukturelles Bewußtsein" nennen würde, ein Gewahrsein der abstrakten Muster von Körpern und Gebäuden. Beide beschäftigen sich mit der Verwirklichung von Strukturen, die die gewünschten Funktionen für ihre Bewohner optimieren.

Gelegentlich geschehen während des Rolfing-Prozesses Dinge wie in verschiedenen Formen von Psychotherapie oder wie bei einer orthopädischen oder osteopathischen Behandlung. Aber solche Ereignisse überschneiden sich nur zufällig mit dem Ziel des Rolfing, das in einer Veränderung der Körperstruktur besteht, so daß diese sich in Harmonie mit der Erde befindet. Die emotionalen Entlastungen und die heilsamen körperlichen Wirkungen, die oft im Verlauf des Rolfing auftreten, sind nur Ausdruck für die Tatsache, daß solche Probleme häufig in einem Unbehagen des Körpers in der Schwerkraft ihre Wurzeln haben. Obwohl ich also bei der Arbeit nicht das Ziel habe, seelische Störungen oder Schmerzen am Ischias zu heilen, geschieht das oft, wenn ich die Faszien in angemessenere Positionen bringe. Vielleicht ist Ihnen aufgefallen, daß ich in meinen Berichten von Rays Rolfing das Ziel jeder Sitzung erwähnt habe. Aber anderes Material kommt zum Vorschein, von dem manches bearbeitet wird, manches aber auch einfach im Gedächtnis bleibt und bearbeitet wird, wenn Ray bereit ist, sich mit diesen Themen auseinanderzusetzen.

Jede Form von Körperarbeit — Rolfing, Aston Patterning, Reichianische Therapie, Bioenergetik, Alexander-Technik — hat nur dann einen Wert, wenn der Therapeut seine Worte, Phantasien, Finger oder Ellbogen dazu benutzt, den Körper die Wege von Freude und Freiheit zu lehren. Wenn ich in meinen Fingerspitzen nur Widerstand und Schmerz spüre, weiß ich, daß ich auf dem falschen Weg bin; das Gefühl von Entspannung und Kooperation des Körpers weist mich darauf hin, daß die Arbeit in die richtige Richtung geht.

Die bedeutenden Konzepte von Ida Rolf sind von einer ihrer früheren Schülerinnen, Judith Aston, der Begründerin des Aston Patterning, wesentlich weiterentwickelt und verändert worden. Judith, die vorher als Tänzerin und Gestalttherapeutin tätig gewesen war, bildete sich in Rolfing ursprünglich mit dem Ziel aus, die Bewegungsaspekte von Ida Rolfs Lehre zu verfeinern. Anfang der 70er Jahre entwickelte sie Methoden, mit denen Leute nach abgeschlossenem Rolfing mittels Übungen, Veränderungen in Bewegungsmustern und Atmung an ihrem Körper weiterarbeiten können. Während sie ihre Methodik ausbaute, stellte sie jedoch fest, daß sie mit einigen Grundannahmen des Rolfing in Konflikt geriet, und gründete ihre eigene Schule, die heute über eigene Techniken der Bewegungserziehung, der Behandlung von Gewebe und Arbeit auf emotionaler und spiritueller Ebene verfügt.

„Aufrecht" ist ein Geheimnis. Ein guter Freund von mir hat Jahre ausgezeichneter Körperarbeit und Psychotherapie hinter sich. Er ist immer noch sowohl körperlich als auch seelisch niedergedrückt.

Balance und Harmonie sind das Ziel. Der Körper kann auf verschiedenen Ebenen aus dem Gleichgewicht geraten. Johnny ist wie ich zwischen rechts und links aus der Balance. Wenn Sie mich von vorn ansehen, können Sie feststellen, daß mein Kopf leicht nach rechts geneigt ist, wodurch mein Hals auf dieser Seite leicht zusammengedrückt wird. Mein Becken ist nach links unten gekippt, wodurch eine ähnliche Kompression tief in meiner rechten Seite nahe dem Nabel verursacht wird. Diese Unausgeglichenheiten bewirken Unbehagen und blockieren meine Energie.
Häufig besteht ein Ungleichgewicht zwischen der oberen und der unteren Körperhälfte, zum Beispiel wenn der Rumpf über- und die Beine unterentwickelt sind. An den Körpern von Tänzern sieht man oft das Gegenteil: stark entwickelte Beine und einen unterentwickelten Rumpf.

Es kann auch ein Ungleichgewicht zwischen vorn und hinten vorhanden sein. Den größten Teil meines Lebens dachte ich, ich stünde fest auf meinen Beinen. Irgendwann entdeckte ich, daß mein Gewicht in der Regel, selbst beim Gehen, nach hinten verlagert war. Wenn ich stand, konnte man mich mit einem Finger umstoßen. Wenn ich ging, mußte ich mehr Energie als notwendig dazu aufwenden, mich von den Hacken zu heben.

Eine subtilere Form des Ungleichgewichts findet man zwischen verschiedenen Körperschichten. So kann man zum Beispiel in der äußeren Schicht (m. rectus abdominis und mm. glutaei) auf chronische Spannungen aufgrund von Überanstrengung stoßen, während auf einer tieferen Schicht (m. psoas) die Muskulatur aufgrund von Bewegungsmangel atrophisch ist. Es gibt auch Körper, die, obwohl sie dick und weich aussehen, sich einen Zentimeter unter der Oberfläche wie Beton anfühlen. Es liegt dann ein Entwicklungsmangel der äußeren Muskulatur und eine kompensatorische Verspannung der tieferen Muskeln vor.

Schließlich gibt es noch ganz individuelle Formen von Ungleichgewicht, wie sie aufgrund schwieriger Geburten oder als Folge von Unfällen auftreten. Ein verstauchtes Fußgelenk mag jemanden veranlassen, die betroffene Seite zu schonen und mehr Gewicht auf den anderen Fuß zu legen. Nach einer Reihe von Wochen bildet die Person dann ein den ganzen Körper durchziehendes System von Kompensationen für das neue Bewegungsmuster aus.

Judith Aston hat den Begriff des „neutralen Raums" geprägt. Ein harmonisch in der Schwerkraft balancierter Körper stellt einen Ort dar, von dem aus man sich bewegen und zu dem man zurückkehren, sich in eine sichere Verteidigungshaltung oder in sanfte Offenheit begeben kann. Man kann über die Energie verfügen, die man zur Bewältigung eines Arbeitstages benötigt, oder sich auf ein vergnügtes Zusammensein mit Freunden einlassen. Der Tänzer oder der Zimmermann können sich auf einen bequemeren Ort zurückziehen, wenn Anstrengung unnötig wird. Schauspieler und Künstler haben mehr Möglichkeiten und sind weniger vorhersagbar.

Dieser neutrale Raum, an dem der Kampf des Körpers mit der Schwerkraft zur Ruhe kommt, gewährt überdies einen stillen, sicheren Hintergrund für das Durchleben notwendiger Erfahrungen wie frühere Traumata, emotionale Bedürfnisse, Liebe, Wut oder körperliche Schmerzen, die unterdrückt waren. Die Neutralität dieses Raums läßt Rolfer und Patterner zu angenehmen und bescheidenen Partnern von Psychotherapeuten, spirituellen Lehrern und Ärzten werden.

Die Schwerkraft ist für uns ein ständiger Lehrer und Therapeut. Wenn wir nicht im Einklang mit der Erde leben, läßt sie uns durch Schmerzen, Einschränkungen in unserer Bewegungsfähigkeit und eine Unzahl weiterer deutlicher Mahnungen wissen, daß wir ihre Geschöpfe sind. Sie ist unbarmherzig, immer anwesend — selbst im Schlaf —, um uns die Orte zu zeigen, an denen wir in die Irre gegangen sind.

Die härtesten Lehren, die sie uns erteilt, sind Altern und Sterben. Die allgemeine Vorstellung vom Altern, über die wir im vorangegangenen Kapitel gesprochen haben, beruht auf einer mangelnden Beachtung der Schwerkraft. Der mit den Jahren eintretende Verfall des Körpers ist direkt abhängig von seiner Disharmonie mit der Erdanziehungskraft. Verhärtung des Gewebes, Beeinträchtigung des Energieflusses im Körper, die zunehmende Abnutzung der Gelenke und andere Anzeichen des Alterns lassen sich alle direkt darauf zurückführen, wie die Schwerkraft auf einen Körper einwirkt, der sich nicht im Einklang mit ihr befindet.

Überkompensation ist die dynamische Kraft, durch die wir zulassen, daß die Schwerkraft unseren Körpern schadet. Ich setze alles daran, meine alten Körperhaltungen beizubehalten. Wenn ich mir meinen Fuß verstauche, möchte ich mein Wohlbefinden nach Möglichkeit so aufrechterhalten, wie ich es von früher kenne. Also richte ich meinen gesamten Körper danach aus, mit der neu erworbenen Zerrung die gewohnte Behaglichkeit wieder herzustellen. Mein jetziges Verhalten wird von Vorstellungen der Vergangenheit regiert. „Verdammt noch mal, ich habe immer so an der Schreibmaschine gesessen. Es ist zuviel Aufwand, das in meinem Alter noch zu ändern."

Ziel meiner Arbeit mit Klienten sind Harmonie und Balance. Ich neige dazu, meine rechte Körperseite mehr zu benutzen als meine linke. Ich bin bereit, die Harmonie in meinem eigenen Körper dafür zu opfern, daß ich meine Arbeit gut mache. Aber so geht das nicht. Ich kann nur insoweit eine harmonischere Form körperlicher Existenz vermitteln, als ich sie in mir selbst erlebt habe.

Bei Beginn der vierten Rolfing-Sitzung mit einer jungen Kellnerin erzählte sie mir, daß sie große Mühe habe, daran zu denken, sich geradezuhalten. Es schien ihr unbequem zu sein. Ich erklärte ihr, daß es möglich ist, ein tieferes inneres Wohlbefinden und eine größere Länge des Körpers zu erreichen, ohne sich zu ermahnen, man sölle gerade stehen. Ich hielt sie dazu an, sich mit ihrer Aufmerksamkeit in ihren Körper zu vertiefen, um bisher unbekannte verspannte Bereiche zu entdecken und loszulassen. „Lassen Sie einmal Ihren Atem Regie führen; lassen Sie ihn nach seinem eigenen Rhythmus fließen und Ihren Oberkörper anheben." Mit einem Mal sah sie unser Gespräch in einem größeren Zusammenhang und erkannte, daß ihre Vorstellung vom „Gerade-Stehen" dem Grundmuster ihres ganzen Lebens entsprach, in dem sie nie gelernt hatte, ihren eigenen inneren Rhythmus zu respektieren. Als Katholikin waren ihr wie mir derartige viele Vorschriften, besonders im Zusammenhang mit Sexualität, gemacht worden, daß sie ihre gesamte Aufmerksamkeit dazu benutzt hatte, entweder aufgrund von Schuldgefühlen, das „Richtige" oder, ebenfalls mit Schuldgefühlen, widerspenstig das „Falsche" zu tun, ohne jemals ihrem eigenen Wesen und Gefühl entsprechend zu handeln.

Je mehr Energie seinem Körper zur Verfügung steht, desto weniger Macht haben äußere Umstände und innere Krisen über das Leben eines Menschen. Die reine Energie des Körpers befriedigt das Bedürfnis nach Energie auf emotionaler und spiritueller Ebene.

Erwähnt man Rolfing, trifft man oft auf die Assoziation mit Schmerz. Viele Menschen, die die Arbeit weder beobachtet noch selbst erfahren haben, stellen sich vor, daß beim Rolfing der Körper gewaltsam auseinandergenommen würde. In Wirklichkeit handelt es sich aber um einen Prozeß, in dem das Gewebe sanft entsprechend dem Rhythmus des betreffenden Körpers bewegt wird. Eine Quelle für Schmerz liegt im inneren Konflikt der Person. In den meisten Menschen existiert eine Spannung zwischen dem Wunsch, frei zu sein, und der Angst vor Freiheit. Im Körper manifestiert sich dieser Konflikt darin, daß das Gewebe sich mit meinen Händen bewegt und ihnen gleichzeitig Widerstand entgegensetzt. Widerstand und Anspannung sind die wesentlichen Ursachen von Schmerz. Eine weitere häufige Quelle für Schmerzen ist das Wiedererleben und vollständigere Erfahren verdrängter Verletzungen. Eine Person kann zum Beispiel genau denselben Schmerz wiedererleben, wie sie ihn spürte, als sie fünfzehn Jahre früher am Kopf von einem auf sie stürzenden Brett getroffen wurde. Viele von uns haben entdeckt, daß die größte Schmerzquelle in unserem Leben im Vermeiden des vollständigen Erlebens eines schmerzhaften Ereignisses besteht, sei es nun durch einen tatsächlichen Unfall oder die Finger eines Rolfers ausgelöst. Wir haben herausgefunden, daß der Schmerz in jedem Fall nachläßt, wenn wir uns erlauben, den auslösenden Reiz vollständig zu spüren.

Aber man muß auch zugeben, daß ein großer Teil des Schmerzes beim Rolfing und bei anderen Formen von Körpertherapie aus einem unbewußten Gebrauch des eigenen Körpers durch den Therapeuten erwächst: er mag zuviel Druck ausüben, gegen den „Strich" des Körpers arbeiten oder sich selbst zu sehr anstrengen. Die erfahrensten Rolfer lösen bei ihrer Arbeit nur sehr wenig Schmerz aus; die Sitzungen mit Ida Rolf waren oft völlig schmerzlos.

Eine 56jährige Frau, die ihr Leben mit harter Arbeit im Dienst anderer Menschen verbracht hatte, besuchte mich eines Abends. Ich hatte mit ihr drei Jahre früher gearbeitet. Sie rutschte auf ihrem Sessel hin und her und sagte: „Wenn ich in Dons Nähe bin, denke ich immer daran, ob ich auch gerade sitze." Ich zuckte zusammen, weil mir klar wurde, wie falsch ich sie unterrichtet hatte. Noch mehr Sorgen und Anstrengung waren wirklich das letzte, was diese wunderbare Frau in ihrem Leben gebrauchen konnte.

„Aufrecht-Sein" bedeutet, daß die Schlange unserer Gefühle, die schlafend am unteren Ende der Wirbelsäule zusammengerollt ruht, sich langsam erhebt und mit Atem und Blut durch das Innere unseres Körpers aufsteigt, bis sie durch den Kopf nach oben entschwindet.

Ein weiterer kultureller Mythos ist die Annahme, Körperbewegungen entständen nur durch Kontraktion von Muskeln. Die logische Folge dieses Dogmas ist, daß eine große Anzahl von Bewegungen, insbesondere anstrengende Bewegungen bei sportlicher Betätigung, auch eine große Anzahl von Kontraktionen bedeutet. Von diesem Standpunkt gesehen führt körperliche Aktivität zu Abnutzung, Verhärtung und Verkürzung des weichen Gewebes, weil die Gelenke permanent zusammen- und auseinandergezogen werden.
Ida entdeckte, daß Körperbewegungen auch durch Dehnung von Muskeln auftreten können. So kann man zum Beispiel lernen, sein Bein so zu bewegen, daß sich der m. quadriceps femoris dehnt, während gleichzeitig der m. psoas länger wird und gegen die hintere Bauchwand fällt; der Kopf läßt sich drehen, ohne daß die Halsmuskeln kontrahiert werden, und der Unterarm läßt sich anheben, ohne daß der m. biceps sich verkürzt.
Ich fragte Ida einmal: „Wie in drei Teufels Namen kannst du deinen Unterarm anheben, ohne den Biceps anzuspannen?" „Paß auf", ant-

wortete sie. Sie ließ einen Mann sich auf den Tisch legen und bat ihn, seinen Ellbogen seitwärts nach innen und außen zu bewegen. Wir alle beobachteten eine Verkürzung der Muskeln. Dann begann sie, an den Faszien seines Arms und der Schulter zu arbeiten. Als er zehn Minuten später die Armbewegung wiederholte, war keine Kontraktion mehr zu sehen. Der Ellbogen bewegte sich aufgrund einer Ausdehnung des Gewebes im Oberarm, und zwar eine Dehnung von Flexoren und Extensoren.

Der Übergang zu dieser dritten Bewegungsform hat radikale Konsequenzen. Stellen Sie sich vor, wie oft Sie sich jeden Tag hinsetzen und wieder aufstehen und wieviel Zeit sie täglich damit verbringen, da oder dorthin zu gehen. Jedesmal, wenn Sie derartige Aktivitäten vollführen, kontrahieren Sie Teile Ihres Körpers und verbrauchen Energie für diese Kontraktionen. Und Sie tragen zur Abnutzung Ihres der Schwerkraft ausgesetzten Körpers bei. Jetzt stellen Sie sich eine Veränderung in dem Sinne vor, daß jede dieser Bewegungen auf einer Ausdehnung des Bindegewebes aufbaut. Mit jeder Bewegung steigert sich das Wohlbefinden im Körper und der Energiefluß verstärkt sich. Bewegung — nicht vollkommene Passivität — wird zur Nahrungsquelle für den Körper.

Eine Veränderung im Bewußtsein war ausschlaggebend für die Arbeit mit Ray. Er benutzte seinen Körper immer nur auf anstrengende Weise; er rannte, schwamm und trieb viel Sport. Er spannte seinen Körper andauernd und absichtlich an. In seinem Körper zu leben, bedeutete für Ray nur Anstrengung.

Einem richtigen kinesiologischen Prinzip zufolge dehnen sich Extensoren, wenn Flexoren sich beugen. Neu ist der Gedanke, daß Beugung nicht ausschließlich Kontraktion heißt.

Rays Bericht über seine Erlebnisse zwischen der fünften und sechsten Sitzung bestand aus zwei Wörtern: „Mühe und Plage." Am Montag hatte er sich zwar so gut wie schon seit Monaten nicht mehr gefühlt, aber gegen abend bekam er Muskelkrämpfe auf der ganzen rechten Rückenseite. Am Tag darauf mußte er elf Liter Wasser lassen. Ich fragte, wie er das wissen könne. Er antwortete, er sei so neugierig gewesen, daß er es gemessen habe. Er ging zum Arzt, der jedoch nichts finden konnte.

Ich arbeitete überwiegend an der Rückseite des Beckens an den Faszien der m. glutaei, der Rotatoren und der hinteren Oberschenkelmuskulatur. Ich lockerte das Gewebe rund um die gelenkähnliche Nahtstelle zwischen (sakraler) Wirbelsäule und Beckenknochen, um diesen Bereich beweglich zu machen. Während und nach der Sitzung hatte er nichts als Schmerzen.

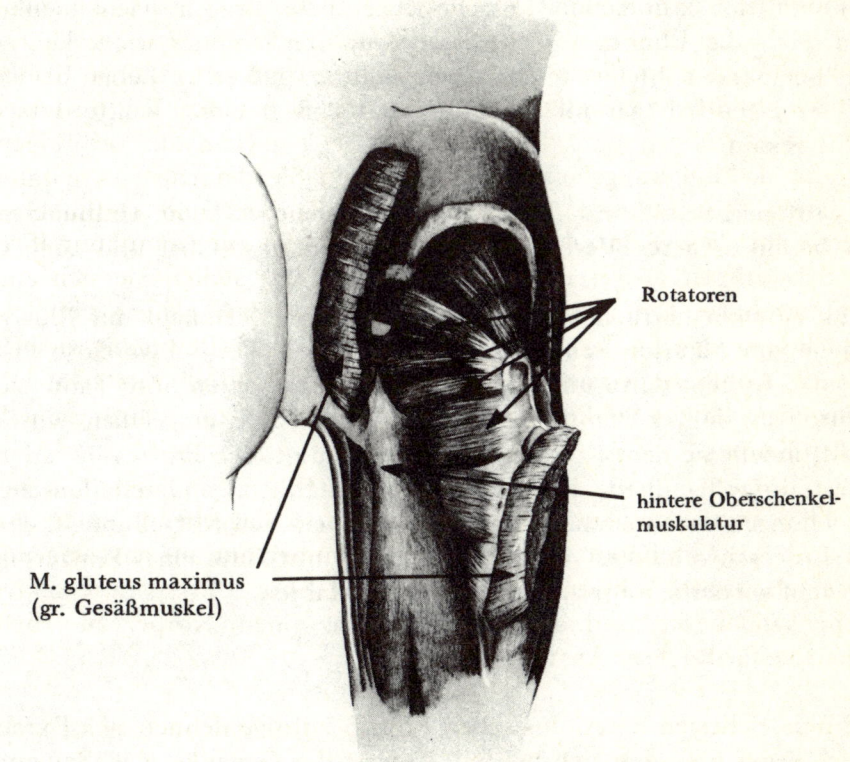

Rotatoren

hintere Oberschenkel-
muskulatur

M. gluteus maximus
(gr. Gesäßmuskel)

Als wir aufhörten, sagte ich ihm, daß ich kaum ein Gefühl für sein Innenleben — seine tieferen Werte, seine Träume und Phantasien —, seine ganze Vorstellungswelt hätte. Er machte ein erstauntes Gesicht und meinte, daß es ihm darum ginge, gute Noten zu bekommen, so daß er den Doktortitel erwerben könne; und im übrigen habe er nie geträumt. Ich fragte ihn, warum er eigentlich die Doktorprüfung ablegen wolle. Er hatte nie darüber nachgedacht. Ich schlug ihm vor, während der kommenden Woche über diese Fragen nachzudenken und auch die Überlegung zuzulassen, ob seine immer wiederkehrenden Schmerzen ihm vielleicht sagen wollten, daß er im Leben bekam, was er eigentlich gar nicht wollte, und daß er etwas wollte, was er nicht bekam.

„Aufrecht-Sein" und „Dehnung" sind neue Ziele im Hinblick auf ein harmonischeres Verhältnis zur Erde, zu uns selbst und zueinander.

Es gibt ein herrliches Märchen von George McDonald mit Illustrationen von Maurice Sendak unter dem Titel „Die schwerelose Prinzessin". Es geht darin um eine junge Prinzessin, deren böse Tante sich dafür, daß sie versehentlich nicht zu ihrer Taufe eingeladen wurde, rächt, indem sie dem Kind sein Gewicht nimmt. Die Prinzessin verlebt eine traurige Kindheit; sie ist einsam und unfähig, zu anderen Menschen Beziehungen aufzunehmen, weil sie, an einem Seil festgebunden, über der Erde schwebt. Erst als sie gegen Ende mit Hilfe eines Prinzen ihr Gewicht wiederbekommt, kann sie Liebe erfahren.

6
Der Körper und die eigene Schöpfung

Der Verlauf Ihrer persönlichen Geschichte, die kulturellen Ideale, die sie in sich aufgenommen haben und Ihr individuelles Beziehungsmuster zur Anziehungskraft der Erde sind nur einzelne Steine in dem Mosaik, das Sie zusammengesetzt haben und mit dem Sie Ihre persönliche Art und Weise geschaffen haben, wie Sie in Ihrer Haut stecken. Dieses Kapitel enthält Gedanken über Ihre kreative Rolle bei der Formung Ihrer Struktur und tastet damit die Grenzen der Verantwortung ab, die Sie für Ihren Körper zu übernehmen bereit sind. In den vorangegangenen Kapiteln wurden Sie eingeladen, über die verschiedenen Faktoren nachzudenken, die zu Ihrer gegenwärtigen Körperform beigetragen haben. Jetzt sind Sie eingeladen, Ihren Standpunkt zu wechseln und von der Annahme auszugehen, daß Sie diese Struktur geschaffen haben.

George ist der 45jährige Sohn wohlhabender Eltern. Als Kind war er von einem Kindermädchen aufgezogen worden und hatte seine Eltern selten gesehen, da diese ganz von ihren sozialen Verpflichtungen eingenommen waren. Er besuchte die besten Schulen und machte in Yale sein Abschlußexamen. Er hatte vielerlei Sportarten gelernt und sich an den verschiedensten Orten rund um die Welt irgendwelche Verletzungen zugezogen. Dreimal war er verheiratet und viele Jahre in Psychotherapie gewesen. Er war attraktiv, robust, athletisch, witzig und hochintelligent.

Als er mir seine Geschichte erzählte, bevor wir mit der ersten Sitzung anfingen, bemerkte ich, wie ich mich zunehmend unwohler fühlte. Mir wurde geradezu schlecht, wenn ich mir vorstellte, mit ihm zu arbeiten. Ich empfand eine große Diskrepanz zwischen seiner offensichtlichen Kraft und der selbstmitleidigen Schwächlichkeit seines Berichts. Er führte bis ins kleinste Detail aus, wie sein Kindermädchen, seine Eltern, Lehrer, Trainer und Ehefrauen sich verschworen hatten, ihn immer mehr ins Elend zu stürzen. Lange Jahre Psychotherapie waren nutzlos gewesen. Mit einem Seufzer und einem Achselzucken beendete er seine Darstellung und fügte hinzu: „Da dachte ich eben, ich probiere jetzt einmal das hier."

Ich teilte ihm mit, wie unwohl ich mich fühlte und daß ich glaubte, er würde mich und das Rolfing ebenso, wie er es anscheinend mit allen Menschen in seinem Leben gemacht hatte, als Beweis dafür benutzen, wie hoffnungslos doch alles sei. Bevor wir das nicht geklärt hätten, hätte unsere Arbeit nach meiner Meinung keinen Sinn. Ich forderte ihn auf, während der kommenden Woche den folgenden Gedanken auszuprobieren: „Ich bin ein kreativer Bastard." Seine Augen begannen zu leuchten und ließen ein anderes Maß an Energie erkennen, das mit seiner äußeren Erscheinung mehr im Einklang stand.

Als er in der nächsten Woche wiederkam, sagte er, er habe jetzt ein Gespür für seinen Wunsch bekommen, daß ihm das Rolfing nichts nutzen solle. Er habe seinen dominanten Vater immer gehaßt, der ihm nur wenig Zuneigung gezeigt habe und ständig mit seiner eigenen Wichtigkeit beschäftigt gewesen sei. George hatte herausgefunden, daß er ein gewisses Gefühl eigener Integrität und Macht behalten konnte, indem er seinen Vater in Verlegenheit brachte und ihn als dumm und inkompetent mit dem kleinen George dastehen ließ. In jenen Jahren war George zu der Ansicht gekommen, daß dies die effektivste Methode sei, ein Gefühl für den eigenen inneren Wert aufrechtzuerhalten. Also zeigte er all denen, die ihm als Helfer oder vermutlich Übergeordnete gegenübertraten, wie hilflos und inkompetent sie doch in Wirklichkeit seien.

Von diesem Augenblick an hatten wir eine wunderbare Beziehung. Gemeinsam mit meinen Händen arbeitete er daran, seinen Körper weicher und länger werden zu lassen; Jahrzehnte voll Wut kamen dabei zum Vorschein. Schrittweise wurde ihm deutlich, auf wie schlaue Weise er mit der verrückten Umgebung seiner Kindheit umgegangen war, und er merkte, daß seine heutige Umwelt einen anderen Genius verlangte. Heute zeigt er anderen Menschen seine echte Kraft und menschliche Wärme.

Opfer oder Urheber — zwei völlig verschiedene Gesichtspunkte, das Leben eines Menschen zu betrachten. Sie können sich im Spiegel betrachten und sagen: „Ich armer Kerl, das Leben war so hart, und ich konnte nichts daran ändern." Oder Sie können sich dazu beglückwünschen, ein so einzigartiges Kunstwerk geschaffen zu haben, und sich auf die immer neuen Situationen des Lebens einlassen.

Diesem Buch liegt implizit eine Erkenntnistheorie zugrunde, die jetzt explizit gemacht werden muß, um Hindernisse auszuräumen, die Sie leicht davon abhalten könnten, Nutzen aus den in diesem Kapitel niedergelegten Gedanken zu ziehen. In dieser Theorie erscheinen Ideen nicht als *Bilder von äußeren Gegebenheiten;* sie sind Ausdruck für Beziehungen zwischen verschiedenen Ereignissen in der Welt.

Sie sind keine *Abbildungen.* Fotografien, Erinnerungen, Träume und Phantasien sind Bilder. Sie sind mehr oder weniger klar und scharf, verschwommen oder dunkel. Im strengen Sinne sind sie weder wahr noch falsch. Wenn wir, wie die Empiristen des 18. Jahrhunderts, Ideen und Bilder durcheinanderbringen, werden wir letzten Endes Skeptiker oder gar Anti-Intellektuelle. Immanuel Kant zeigte deutlich, daß ein Bild im Kopf keine fest umrissene oder zurückverfolgbare Beziehung zu dem hat, durch was es ausgelöst wurde; eine Übereinstimmung zwischen einem Bild und seiner Quelle, welche gelegentlich als Wahrheit gesehen wird, ist nicht herstellbar. Mehr noch: Die lebendige, berührbare Realität ist von größerem Wert als irgendein verwaschenes, vages Abbild. „Zur Hölle mit Ideen, zurück zur Wirklichkeit!"

Ideen sind keine Bilder von *äußeren Gegebenheiten.* $E = Mc^2$, die Psychologie Jungs, das Greshamsche Gesetz, Liberalismus und Marxismus sind Ideen. Aber sie bilden nicht die Dinge draußen in der Welt ab. Sie drücken Beziehungen zwischen Dingen, Menschen, Ereignissen, Nationen, Träumen und Emotionen aus, von denen manche innerhalb und andere außerhalb unseres Lebens liegen. Sie sind insofern *wahr,* als sie uns in die Lage versetzen, die chaotische Masse ungeordneter Erfahrungen durchzusieben, um bestimmte Ziele zu erreichen. Das Jungsche Menschenbild ist zum Beispiel nicht in dem Sinne richtig oder falsch, wie ein Bild Ihrer Mutter genau oder ungenau ist, sondern in Abhängigkeit davon, ob es Sie befähigt, das Chaos menschlicher Gefühle und Emotionen zu ordnen, um eine gewisse Integrität und Friedlichkeit zu erreichen. Es ist insofern wahr, als es wertvolle Ergebnisse liefert.

Dieses Buch stellt bestimmte Ideen dar. Die zentrale Idee läßt sich so formulieren: Körperstruktur ist die Funktion mindestens vier Variabler: die Ereignisse persönlicher Geschichte, kulturelle Formen, das Verhältnis des Körpers zur Schwerkraft und die persönlichen Intentionen. Diese und andere Ideen in diesem Buch sollten unter dem Gesichtspunkt bewertet werden, welchen Wert sie für Sie haben. Klären sie Ihre Erfahrungen und helfen sie Ihnen zu bekommen, was Sie sich vom Leben erwarten?

Bezogen auf den vierten der genannten Punkte (der Körper als Funktion Ihrer Intention), können Sie, wie ich es getan habe, so viele theoretische Einwände erheben, daß Sie nie dazu kommen, sich wirklich die relevante Frage zu stellen. Sie können sagen: „Es gibt keine Methode herauszufinden, ob ich jeden Aspekt meines Lebens selbst geschaffen habe." „Die Vietnamesen oder die Schwarzen sind nicht verantwortlich für ihre Lebensqualität." „Ein Kind ist ein hilfloses Werkzeug in den Händen mächtiger Eltern" und so weiter. So verpassen Sie das Wesentliche, das darin besteht, sich auf die Überlegungen einzulassen und zu schauen, was dabei herauskommt. Prüfen Sie, ob diese Gedankengänge für Sie von Wert sind.

Betrachten Sie Ihren Körper unter dem Gesichtspunkt, was Sie jetzt, in dieser Phase Ihres Lebens mit ihm machen. Die Form Ihres Körpers wird mit den von Ihnen gewählten Tätigkeiten in Zusammenhang stehen. Wenn Sie Tänzer sind, dürften Sie eine lange, schmale Taille, eine nach oben gezogene Brust, einen festen Hintern und in hohem Maße ausgebildete Schenkel haben. Sind Sie Tennis-, Golf- oder Gitarrenspieler, könnten Sie feststellen, daß sich Ihre rechte Schulter ganz anders als die linke entwickelt hat. Wenn Sie in mittleren Jahren sind und im Büro arbeiten, ohne sich körperlich zu trainieren, dürften Sie in Ihrer Körpermitte aufgrund mangelnden Tonus schlaff sein. Als Krankenschwester leiden Sie vielleicht unter chronischen Schmerzen in den Waden und den Fußsohlen. Als Schüler entdecken Sie womöglich, daß Sie mit vorgeschobenem Kopf vornübergebeugt sitzen oder stehen. Ein Cowboy hat die klassischen O-Beine, einen verspannten unteren Rücken und hängende Schultern.

Meditieren Sie über die fundamentale Frage: Was waren die Ziele in meinem Leben?

Wenn Sie dabeibleiben, werden einige Antworten auftauchen. Jeder Mensch hat einige Ziele, und sie haben alle eine Auswirkung auf seine Körperstruktur.

Da sind zunächst die unmittelbaren, bewußten Ziele: Ich habe mich entschlossen, Rolfer zu sein. Über eine Reihe von Jahren hat diese Tätigkeit dazu geführt, daß ich einen völlig anderen Körper entwickelt habe, als ich ihn als Student hatte. Ich bin jetzt muskulärer und habe eine größere körperliche Ausdauer. Ich besitze jetzt die breiten Schultern, die ich mir als Teenager gewünscht habe. Ich habe mich auch entschlossen, regelmäßig zu rennen, zu tanzen und mich gesund zu ernähren.

Dann sind da tiefere Schichten von Zielen. Während der ersten 33 Jahre meines Lebens hatte ich die Absicht, außerhalb meines Körpers zu leben. Ich lebte in einer Phantasiewelt von Tagträumen, Büchern, Philosophie und Filmen. Ich war enthaltsam. Diese Intention schlug sich in einem gedrungenen, unsensiblen Körper und einem extrem gepanzerten Becken nieder. In den letzten zehn Jahren habe ich versucht, meinen Körper wahrzunehmen, mich mit den Schmerzen in ihm zu konfrontieren und zu lernen, wie ich ihn benutzen kann. Diese Absicht hat eine veränderte Körperstruktur hervorgebracht.

Und noch tiefer. Schon sehr früh in meinem Leben habe ich mich entschieden, Zuwendung und Beachtung dadurch zu bekommen, daß ich krank oder schwach spielte. Meine Eltern reagierten immer hervorragend auf dieses Theater. Auf diese Weise gelang es mir, mich einer Menge unangenehmer Dinge zu entziehen, wie zum Beispiel Rasenmähen. (Ich bekam jedes Mal sofort einen Asthmaanfall, wenn ich damit begann.) Den Mädchen hat diese Nummer gefallen. Und einen großen Teil meines Lebens hielt ich das für eine effektive Methode, von anderen Leuten Unterstützung zu bekommen. Ich habe die Sinnlosigkeit dieser Intention erkannt. Jetzt bemühe ich mich, meine eigene Kraft zu spüren und mich den Menschen zu zeigen, wie ich bin, ohne den Versuch zu unternehmen, sie mit meinen „Kleiner-Junge"-Spielchen zu manipulieren. Jene früheren Intentionen haben meinen Körper geformt: Ich hatte meinen Körper zu einer kränklichen Sache gemacht, besonders indem ich meine Brust zusammenfallen ließ. Hier lag auch das Zentrum meiner Gewohnheit, krank zu spielen: Zwanzig Jahre lang hatte ich starkes Asthma und zahllose Erkältungen und Grippe-Erkrankungen.

Eine weitere Schicht: Mein Körper ist sehr rigide. In meiner Wirbelsäule, meinem unteren Rücken und meinem Kopf ist kaum Bewegung. Ich bin mir nicht im klaren über meine Absicht, diese Rigidität zu produzieren. Vielleicht ist das — welche Ironie! — ein Grund dafür, daß ich dieses Buch über die radikale Plastizität des Körpers schreibe. Ich weiß aber, daß es etwas mit meiner Art des Umgangs mit Angst zu tun hat. Schon als kleiner Junge beschloß ich, daß die Welt und das, was danach kommt, voller Gefahren ist, vor denen ich ständig auf der Hut sein mußte. Ich schuf mir einen Körper wie ein Wächter, der mir in dieser schrecklichen Welt nützlich schien.

Noch eine weitere Ebene: Es war meine Absicht, mit der Welt als abhängiges Kind in Beziehung zu treten, und über Jahre hinweg behielt ich einen kindlichen Körper: Kopf und Hals nach vorn, der Mund für die Milch aus Mutters Brust leicht geöffnet, das Becken zurückgezogen, um nicht von den bedrohlichen sexuellen Kräften überwältigt zu werden.

Ihr heutiger Körper ist ein Spiegelbild Ihres heutigen Lebensstils. Ihr Lebensstil spiegelt Ihre Intentionen, Lebensziele und Werte.

Ein Jahr, bevor er mit dem Rolfing begann, hatte Sam zwei Finger seiner linken Hand verloren. Seine gesamte linke Körperseite war verkürzt. Obwohl er einen schönen und gesunden Körper hatte, konnte er sich selbst nicht leiden. Als ich in der siebten Sitzung an seinem Kopf arbeitete, begann er die ganze Geschichte seines Lebens mit seinem Vater zu durchleben. Sein Vater hatte ihn, als er klein war, oft geschlagen, besonders wenn er weinte. Sam hatte das Gefühl, von seinem Vater überhaupt nicht geliebt zu werden. Plötzlich traten all die Einzelheiten, die im Zusammenhang mit seinem Unfall standen, vor sein inneres Auge. Er sah sich selbst, wie er absichtlich seine Hand in die Sägemaschine steckte, als sein Vater in der Nähe war. Zum ersten Mal in seinem Leben hatte Sam den Eindruck, daß sein Vater ihn liebte und sich um ihn sorgte. Die Erkenntnis, daß er sich vorsätzlich verstümmelt hatte, um die Einstellung seines Vater zu ihm auf die Probe zu stellen, stürzte ihn in tiefe Verwirrung. Er schluchzte stundenlang. Aber auf der anderen Seite der Verwirrung erwuchs Klarheit und Freiheit. Der selbst zugefügte, Zen-ähnliche Schlag hatte ihn wachgerüttelt und ihm gezeigt, was Leben heißt. Er befreite sich von dem endlosen Kreislauf der Erfahrungen mit Menschen, die unfähig sind, Liebe anzunehmen oder zu geben. Es war klar, daß sein Leben von jetzt ab voll von Liebe sein würde.

Sams Konflikt enthüllt die zentrale Bedeutung der Entscheidung, ob wir uns als Opfer oder Urheber sehen wollen. Es ist schmerzhaft, die Verantwortung dafür zu übernehmen, daß wir selbst die Urheber des verrückten Films sind, der unser Leben ist. Wir wenden unglaublich viel Energie auf, um uns vor Schmerz zu schützen. Aber jenseits von Schmerz liegen Freiheit und Liebe.

In diesem Kapitel geht es nicht um die These, der Geist bestimme die Materie. Diese These vermittelt den Eindruck, mein Leben gehe in die falsche Richtung, weil meine Gedanken in die falsche Richtung gehen oder weil ich negative Gedanken habe. Ich muß nur meine Gedanken verändern, damit sich mein Körper und mein Leben verändern. Eine solche Einstellung erklärt die materielle Welt für unwirklich oder zumindest unbedeutend. Viele Leute, die diese Philosophie vertreten, vermeiden jede Form von Körperarbeit oder gar Psychotherapie, weil sie glauben, sich solchen Therapien auszusetzen, erhielte nur die Illusion aufrecht, daß der physische Körper und die Emotionen real seien, während sie in Wirklichkeit nur Produkte des Geistes darstellten.

Wenn man in der Sprache von „Intentionen" redet, überbrückt man die Kluft zwischen Geist und Materie. Intentionen sind immer eingefleischt; sie bilden immer eine Einheit aus geistigen Einstellungen und körperlicher Aktivität. Die Absicht, sich wohler zu fühlen, schließt zum Beispiel sowohl die Veränderung negativer Gedanken als auch die Anwendung von Mitteln ein, die notwendig erscheinen, um den Körper in einen besseren Zustand zu bringen (veränderte Ernährung, körperliche Betätigung usw.). Sowohl negative als auch positive „Gedanken" manifestieren sich körperlich. Das körperliche und das gedankliche Muster eines Menschen sind nicht zwei verschiedene, interagierende *Dinge,* sondern zwei Aspekte eines einzigen Verhaltensmusters.

Wir alle haben in unserem Leben bestimmte Entscheidungen im Zusammenhang mit Schmerz getroffen. Für mich war das Vermeiden von Schmerz ein beherrschendes Motiv meines Lebens. Meine Kindheit war sehr eingeschränkt, weil ich einfach die Schmerzen nicht spüren wollte, die damit verbunden sind, wenn man fällt, sich schneidet oder einen Knochen bricht. Im Laufe der Zeit wuchs sich die Vermeidung von Schmerzen sowohl körperlich als auch emotional zu einer

Mauer aus, die mich umgab. Ich entwarf meine persönliche Welt aus diesem Motiv. Die Mauer wurde so dick, daß schwere Geschütze (LSD, Rolfing, est) erforderlich wurden, um sie zu durchbrechen.

Die verschiedenen Stile, für die die Menschen sich im Umgang mit Schmerzen entschieden haben, sind in meiner Arbeit tastbar. Manche spannen augenblicklich ihren gesamten Körper an, wenn ich sie berühre, und erwarten starke Schmerzen. Manche lassen langsam los, entspannen sich und fangen an, mit meinen Händen zu kooperieren. Manche halten sich derartig fest, daß ich mit ihnen nicht arbeiten kann. Andere verspannen sich regelmäßig in bestimmten Körperteilen, zum Beispiel im Hals, im unteren Rücken oder zwischen den Augen. Wieder andere entspannen sich und akzeptieren den Schmerz auf einer Ebene ihres Körpers, lassen ihn aber auf einer anderen Ebene nicht zu.

Als George drei Jahre alt war, führte sein Kindermädchen ihn und seinen jüngeren Bruder im Park von Boston spazieren. George geriet mit seinem Fuß in die Speichen des Kinderwagenrads, das Kindermädchen ging weiter und verletzte den Fuß. Nach 42 Jahren sieht man seinem gesamten Körper noch immer die Verzerrung des Fußgelenks an. Ich fragte ihn, ob ihn das Kindermädchen gemocht habe. „Oh nein", antwortete er traurig und resigniert. „Sie wollte mir immer zeigen, daß ich ihr nicht entgehen könne."

Als ich eines Tages seitwärts an seinem Körper arbeitete, hatte er plötzlich die Vision von einem See, an dem er mit seinem Bruder im Alter von fünf Jahren den Sommer verbracht hatte. Ich fragte ihn, was dort geschehen sei. „Nichts weiter. Es war ein sehr schöner und ereignisloser Sommer. Nur daß mein Vater mich vom Pier aus ins Wasser warf, obwohl ich nicht schwimmen konnte. Er stand da und lachte mich aus. Ich war völlig verschreckt."

Wenn man sich selbst als Opfer begreift, entstehen Gefühle wie Wut, Feindseligkeit, Empfindlichkeit, Starre und Verwirrung. „Die anderen sind schuld: meine Eltern, meine Frau, die Regierung, die Weltgeschichte." Aus einer solchen Einstellung heraus kann niemand der Welt mit Klarheit und Effektivität von Nutzen sein.

Die Welten von George und Sam, die der unseren gleichen, sind absolut verrückt. Sie sind von Generationen bevölkert, die nicht wissen, wie sie ehrlich lieben oder ihre wichtigsten Bedürfnisse befriedigen sollen. Krieg, Feinseligkeit, Gier und Betrug sind die Markenzeichen dieser Welt. Wir panzern uns gegen diese Welt, tun so, als ob sie nicht existiere, und nehmen vieles einfach gar nicht erst wahr. Das alles sind kreative Reaktionen, derer man sich nicht zu schämen braucht.

Aber es gibt Alternativen.

Ein Kind ist verletzt. Es will den Schmerz nicht spüren, also konstruiert es ein körperliches und emotionales System, das das Erleben des Schmerz verursachenden Ereignisses blockieren soll. Aber dieses Schutzsystem verhärtet das Gewebe und läßt die emotionalen Reaktionen mechanisch werden. Viele solcher schmerzhaften Vorkommnisse bringen dann, wenn sie auf diese Weise gehandhabt werden, einen Erwachsenen hervor, der rigide, mechanisch und völlig vorhersagbar ist.

Joan ist 25 Jahre alt. Sie hat Gestalttherapie, Rolfing und Arica-Training hinter sich. Sie hält einen strengen Plan für Ernährung und Gymnastik ein. Als sie fünfzehn war, starb ihr Vater am Herzinfarkt. Joan hat Angst, an einem Herzinfarkt zu sterben. Eine von Joans Intentionen, ihren Körper entsprechend den Vorstellungen verschiedener Therapieformen zu formen, was das Bemühen, einen Herztod zu vermeiden. Wie viele Überlebensstrategien arbeitete auch die ihre gegen sich selbst. Anstatt aus den verschiedenen Disziplinen den größtmöglichen Gewinn zu ziehen, baute sie in alles, was sie lernte, Spannung ein, so daß ihr Körper im wesentlichen verschlossen und angespannt blieb und sie für Herzprobleme anfällig machte.

Als Kind begann ich, mit meinen Eltern zu spielen, um mir ihre Liebe zu erkaufen. Ich entschied mich dazu, diese Spiele zu spielen. Ich entschied mich, mir ihre Liebe, Wärme und Unterstützung dadurch zu verschaffen, daß ich mir alle möglichen psychologischen Kostüme anzog. Sie erpreßten mich nicht, indem sie mir etwa vermittelt hätten: „Benimm dich wie ein alberner Clown, kleiner Don, oder wir ernähren dich nicht." Selbst wenn sie mich so erpreßt hätten, hätte ich noch immer zwischen Tod und Selbstverleugnung entscheiden können. Oder ich hätte mich daran erinnern können, daß ich ein Spiel spielte, um es aufzugeben, sobald ich alt genug war, um für mich selbst zu sorgen.

Es gibt eine Sorte von Klienten, die zum Rolfing kommen — meistens von ihrem Arzt geschickt — und ungefähr die folgende Einstellung haben: „So, hier bin ich. Mir geht's so mies, daß Sie wahrscheinlich nichts tun können, um mir zu helfen. Ich war schon bei vielen Experten, und sie alle konten nichts tun."

Unsere Entscheidungen über Sexualität haben große Auswirkung auf die Form unseres Körpers.

Ein Teenager ist entsetzt über die Brüste, die über die gewohnten Körpergrenzen in die Welt hinaus zu wachsen beginnen. Sie zieht die Brust ein. Außerdem ist sie so groß oder sogar größer als viele Jungs in ihrer Klasse und versucht sich kleiner zu machen. Als ich in diesem Alter war, schämte ich mich dafür, daß ich nicht größer war. Meine persönliche Reaktion war, mich aus der Nähe großer männlicher Körper zu entfernen. Ich nahm weder an sportlichen Aktivitäten oder Gymnastik noch am sozialen Leben teil.

Wenn Sie ein Mann sind, der sich seiner Potenz und Attraktivität unsicher ist, beschließen Sie vielleicht, sich einem Body-building-Programm zu unterziehen, um kräftiger zu werden, schmalere Hüften zu bekommen und Ihren Muskeln einen besseren Tonus zu geben; oder Sie beschließen vielleicht wie ich, die ganze Sache hinzuschmeißen und keusch zu leben.

Es gibt so viele Körperformen wie sexuelle Vorlieben. Wenn Sie zum Beispiel auf Männer anziehend wirken wollen, werden Sie Ihren Körper wahrscheinlich etwas anders ausformen, als wenn Sie für Frauen attraktiv erscheinen wollen. Und innerhalb der groben Unterteilung in Homosexualität und Heterosexualität bleiben alle möglichen Nuancen, die die radikale Formbarkeit des Körpers ermöglicht.

Wenn Sie beabsichtigen, sexuell unattraktiv zu sein, werden Sie sich entsprechend formen; vielleicht machen Sie sich zu dick oder zu mager, oder Sie machen sich gefühllos und panzern Ihren Körper.

Wiederum weder Lob noch Tadel. Wir finden einen El Greco nicht besser als ein Portrait von einem unbekannten Maler, weil El Grecos Körper etwa schöner wären, sondern wegen der Kunstfertigkeit und Vorstellungskraft, die seine Bilder verkörpern. Jeder Mensch stellt eine unglaublich kunstfertige und imaginative Reaktion auf ein ereignisreiches Leben dar.

Nehmen Sie Johnny. Als er ungefähr fünf Jahre alt war, beschloß er, all die feindseligen Eindrücke, die durch die Streitereien seiner Eltern auf ihn einwirkten, nach Möglichkeit abzuwehren. Er verschloß

Brust und Bauch und versteckte sich in seinem Zimmer. Er entschied sich, mit seiner Angst vor dem Vater fertigzuwerden, indem er ihn nachahmte, einen athletischen Körper ausbildete und viel Sport trieb. Außerdem fand er heraus, daß er von seiner Mutter viel Aufmerksamkeit und Zuwendung bekam, wenn er sich konfus und hilflos gab. Also spielte er dieses Spiel. Er trainierte sogar seine Kreativität im Umgang mit der Schwerkraft: Wenn er vom Fahrrad fiel, während seine Mutter erwartungsvoll am Küchenfenster stand, machte er so viel wie möglich aus dieser Gelegenheit und sah schrecklich zugerichtet aus. Er hinkte fürchterlich und zog seinen Körper im Bereich der Verletzung zusammen. Als er auf die Oberschule kam, vermied er jede nähere Beziehung zu Mädchen, weil er sie so bedrohlich empfand, wie sein Vater die Mutter empfunden hatte. Er panzerte sich und machte sich unsensibel, um nicht die von ihnen ausgehende Attraktion zu spüren. Heute verschließt er sich sofort, wenn er die weiche Wärme sexueller Gefühle in sich aufkommen fühlt. Sein Becken wird immer verspannter und unbeweglicher.

Bei den meisten Menschen sind es nicht die tatsächlichen Verletzungen, die zu größeren und langwierigen Verzerrungen im Körper führen, sondern vielmehr die Art, mit der sie auf diese Verletzungen reagieren. Die durchschnittliche Sorte Unfälle — Verstauchungen, gebrochene Arme und Beine, gezerrte Sehnen — hätten nicht die üblichen weitreichenden Folgen, wenn wir mit mehr Klarheit mit ihnen umgingen. Das trifft sogar auf drastische Fälle zu, wie sie Autounfälle darstellen, die dem Körper starke und fortdauernde Beeinträchtigungen zufügen. Während des Rolfings entdecken die betroffenen Menschen gewöhnlich, daß sie die Auswirkungen ihrer Unfälle übertrieben haben, in dem sie neue Bewegungsstile entwickelten, die ihnen gefielen. Zum Beispiel arbeitete ich einmal mit einem Mann, der stark hinkte und an einer Krücke ging. Nach nur kurzer Zeit entdeckte er, daß er leicht und mühelos ohne die Krücke laufen konnte. Trotzdem sträubte er sich dagegen, seine alte Gangart aufzugeben, die er sehr mochte.

Ray kam zu seiner siebten Sitzung und sagte: „Das letzte Mal haben Sie mich aber wirklich geschafft. Die Stelle an meinem Rücken, an der Sie gearbeitet haben, tat wirklich weh." Ich fragte ihn, was sonst vorgefallen sei. „Ich war in der Lage, Wasserball zu spielen und täglich ohne Schmerzen einen Dauerlauf zu machen."

In dieser Sitzung hatte ich das Ziel, seinen Hals zu dehnen, so daß sein Kopf bequemer auf den tieferen Körperteilen ruhen konnte und mehr Bewegung in die Schädelknochen kam. Als ich anfing, am Ansatz der Halsmuskeln an der Rückenseite des Schädels zu arbeiten, begann er zu weinen. Es stellte sich heraus, daß das, was er mir zu Anfang über seine Gesichtsverletzung nach dem Huftritt eines Pferdes berichtet hatte, ernsthafter war, als ich es verstanden hatte. Zusätzlich zu einer Fraktur des Nasenbeines, das völlig zerschmettert worden war, waren auch alle Gesichtsknochen gebrochen gewesen. Alles hatte wiederhergestellt werden müssen. Seine oberen Schneidezähne hatten durch eine Brücke, der Oberkiefer teilweise durch eine Prothese ersetzt werden müssen. Beim Sport hatte er große Angst davor, ein Ball könne ihn am Oberkiefer treffen, da die Brücke empfindlich war und sich schon einmal gelockert hatte, Blutungen und starke Schmerzen verursachend. Im weiteren Verlauf der Arbeit erinnerte er sich an jede Einzelheit des Unfalls. Die schmerzhafteste Erinnerung war mit dem Bild seines blutverschmierten Gesichts verbunden, das er im Spiegel gesehen hatte, bevor er ins Krankenhaus gebracht wurde.

Ich lobte die hervorragende Arbeit der Ärzte. Wenn man ihn ansah, hätte man nie vermutet, daß er einen so schrecklichen Unfall hinter sich hatt. Alles war auf äußerst geschickte Weise wiederhergestellt worden. Seine Augen leuchteten auf. „Na ja, ich hatte dreißig Ärzte, die besten." Als er mir ihre Arbeit ausführlich beschrieb, wurde deutlich, daß es drei gewesen waren.

Am Ende der Sitzung sagte er, er fühle sich sehr erleichtert und körperlich wesentlich wohler.

Die Befreiung des ganzen Körpers, die während der ersten Sitzungen erzielt wird, macht radikale Veränderungen in Hals und Nacken erst möglich. Im zweiten Kapitel habe ich Sie auf die Beweglichkeit der Schädelknochen hingewiesen. Diese beruht auf einem komplexen System von Bindegewebe, das den Schädel umhüllt. Diese fasziale Hülle zieht sich von den Schläfen nach unten in den Kiefer hinein, wie die nebenstehende Illustration verdeutlicht. Dort wird sie zur Faszie des pterygoideus und verbindet sich mit dem Keilbein, das auf dem Umschlag dieses Buches abgebildet ist. Diese Faszie setzt sich innerhalb des Kiefers nach unten fort und verzweigt sich schließlich in die tiefen und äußeren faszialen Schichten des Halses, von wo aus sie dann bis in den Rumpf weiterführen. Die Struktur der Faszien ist so beschaffen, daß

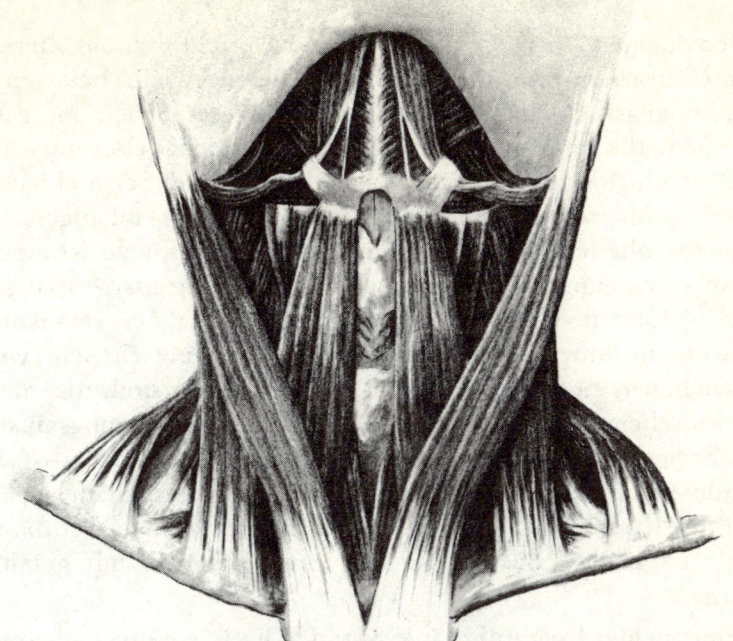

Der Hals und der untere Gaumen

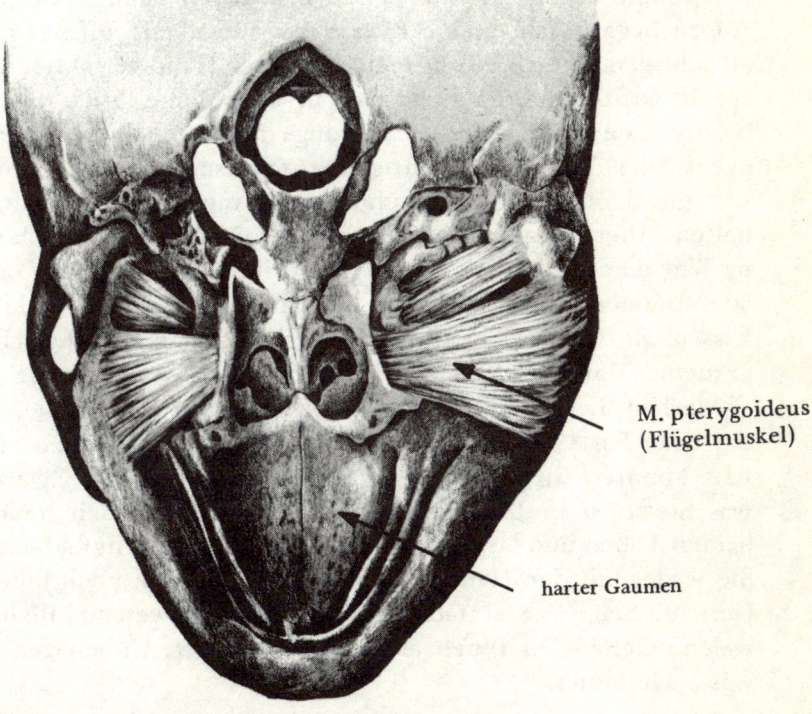

M. pterygoideus
(Flügelmuskel)

harter Gaumen

Das Gaumendach und der Schädel (von unten)

die vielen kleinen Muskeln in Mund und Gesicht ständig Zug auf die Halswirbel ausüben. Sind diese nicht im Gleichgewicht, belasten sie das Keilbein ungleichmäßig, und die Verzerrung setzt sich im gesamten Schädel fort. Ida fand unter dem Einfluß von Schädelosteopathen heraus, daß Störungen im Hals und Verschiebungen im Schädel häufig von Unausgewogenheiten im Bindegewebe des Mundes abhängen.. Solche Unausgewogenheiten haben oft eine starke emotionale Komponente. Kau- und Wangenmuskulatur können von jahrelang aus Wut zusammengebissenen Zähnen oder vom Zurückhalten der Tränen verspannt sein. Das Gewebe im Inneren der Nasenhöhle kann gequetscht sein, wenn äußerlich vielleicht tiefe Falten in der Stirn zu sehen sind, die manchmal von chronischem Kummer zeugen. Es gibt auch Spannungsmuster, die Augen, Zunge, Zähne einbeziehen. Die Arbeit am Schädel ist eine erfrischende Erfahrung, die deutlich macht, daß der Schädel in der Tat ein Teil des Körpers ist, wie der Brustkorb, das Becken oder die Wirbelsäule. Er ist keine „Büchse der Pandora", randvoll mit gefährlichen Monstern.

Für eine meiner Psychotherapie-Stunden hatte ich mir vorgenommen, meine Wut gegenüber meinem Großvater auszudrücken, indem ich meine Stimme erhob und auf ein großes Kissen schlug. Mit geschlossenen Augen begann ich, meine Fäuste mit aller Kraft auf das rechte Kissen zu schlagen, als ich es mit meiner rechten Hand verfehlte, die mit voller Wucht auf den harten Fußboden prallte. Meine Psychotherapeutin war besorgt; sie wußte die Bedeutung meiner rechten Hand und einer eventuellen Verletzung richtig einzuschätzen. Sie wollte mich veranlassen, mit dem Schlagen aufzuhören und meine Hand in kaltes Wasser zu halten. Aber meine Wut auf meinen Großvater war einfach stärker, meine Wut darauf, daß ich sein Weltbild im Zusammenhang mit Schwäche übernommen hatte. Ich schrie und schlug über eine Stunde lang auf das Kissen ein. Weder dabei noch danach spürte ich irgendwelchen Schmerz in meiner Hand.

Machen Sie einmal das folgende Experiment: Wenn Sie, zum Beispiel auf einer Party, mit anderen Menschen zusammenstehen, stellen Sie für fünf Minuten Ihr Glas aus der Hand, legen Sie Ihre Zigarette ab oder was Sie sonst in der Hand haben. Stehen Sie einfach gerade auf Ihren beiden Füßen und lassen Sie Ihre Arme entspannt herabhängen. Machen Sie weder mit den Händen irgendwelche Gesten, noch bewegen Sie Ihr Gesicht. Seien Sie einfach nur körperlich anwesend. Beobachten Sie, welche Gefühle in Ihnen aufsteigen — Angst, Unbehagen, Panik oder was auch immer.

Wir nehmen ständig irgendeine Haltung ein. Kaum einmal sind wir einfach nur als Körper mit anderen zusammen. Wir haben ein körperliches Gehabe entwickelt, genauso wie wir auch einen Stil uns zu kleiden ausgebildet haben, um zu zeigen, welchem Bild wir gerne entsprechen wollen: der gedankenvolle, Pfeife rauchende Universitätsprofessor; der kühle zwanzigjährige, rauhe Mann aus den Bergen; die emanzipierte Frau; der gequälte politisch Radikale; der angesehene Geschäftsmann und seine vollbusige Frau. Wenn wir dieses Gehabe aufgeben, wie in dem oben beschriebenen Experiment, entsteht eine andere Realität mit neuen Erfahrungen.

Das Aufgeben des Gehabes macht auch Meditation zu einer so wirksamen Erfahrung. Man sitzt nur da, tut nichts und sagt nichts. Man ist einfach mit sich allein.

Es lohnt sich, die Ursprünge aufzuklären, die uns zu der Entscheidung veranlaßt haben, das Opfer zu spielen, jene Ereignisse aufzuhellen, aus denen wir unsere Sicht der Welt abgeleitet haben. Vielleicht erschien Ihnen alles einfach zu anstrengend, um mit Ihrem tieferen Wesen, mit sich selbst als Quelle Ihrer Erfahrung der Welt in Verbindung zu bleiben; dann haben Sie möglicherweise wie ich innerlich abgeschaltet und ein paar Jahrzehnte verschlafen. Vielleicht war es auch ein bestimmtes Ereignis — Ihre Geburt, ein Unfall, eine Zeit der Trennung von Ihren Eltern —, das so schmerzhaft war, daß Sie beschlossen, sich zu verschließen und zu vergessen, wer Sie waren.

Es kommt darauf an, sich zu vergegenwärtigen, daß Sie, wie Sie hier und jetzt körperlich sind, das Ergebnis dessen darstellen, wie Sie alle Elemente in Ihrem Leben zusammengesetzt haben: Ihr Körper ist das Resultat. Wenn Sie sich das bewußt machen, ist Ihnen auch bewußt, daß alles veränderbar ist. Sie können sich über Ihre Intentionen klar werden. Wenn Sie das tun, werden Sie einige davon über Bord werfen und anderen einen neuen Stellenwert geben. Es handelt sich dabei nicht um einen rationalen Denkprozeß, sondern um eine lange Periode des Bewußtwerdens, in der Sie aufhören, vor Ihrer Erfahrung zu fliehen, und beginnen, sich ihr zuzuwenden. Das schließt auch Angst mit ein oder Schrecken, auch Schmerz und die Freude an neuen Entdeckungen.

7
Körper und Körper-Politik

Was das Ganze ist und was seine Teile, hängt vom Standpunkt des Beobachters ab. Die feste, unerschütterliche Annahme, daß ich ich und daß mein Körper eine unabhängige Einheit sei, ist nicht richtiger oder falscher als die Behauptung, die Erde sei eine unabhängige Einheit oder das Kreislaufsystem des Körpers. In Wirklichkeit bin ich eine Komponente größerer Systeme, von denen getrennt ich nicht überleben könnte. Andererseits ergibt sich der Charakter dieser Systeme aus der Interaktion ihrer Komponenten, von denen ich eine bin.

In den Kapiteln 3, 4 und 5 habe ich mir Gedanken über die Effekte totaler Systeme (Familie, Gesellschaft und die Erde) auf die Körperstruktur gemacht. Im 6. Kapitel habe ich den Standpunkt gewechselt und damit begonnen zu betrachten, wie größere Systeme vom Menschen beeinflußt werden. In diesem Kapitel möchte ich diesen neuen Standpunkt beibehalten und fragen, in welcher Weise die Erfahrung Ihres Selbst eine Wirkung darauf hat, wie Sie sich auf größere Systeme innerhalb Ihrer Welt beziehen.

Eine 30jährige Musikerin kam während der Anfangsphase des Rolfings eines Tages zu mir und schilderte mir, wie verwirrt sie sei. „Ich kann mit den Menschen nicht mehr so wie früher umgehen. Meine Beziehungen zu alten Freunden befriedigen mich einfach nicht mehr." In den folgenden Wochen, während wir ihre alte Körperstruktur mehr und mehr auflösten, fühlte sie sich immer einsamer. Gegen Ende unserer Arbeit erreichte ihr Körper eine neue Form von Balance und Harmonie, und ihre Traurigkeit verwandelte sich in Freude. Sie entdeckte neue, befriedigendere Formen von Nähe zu einer kleinen Anzahl von Menschen. Sie fühlte sich weniger bedürftig und genügte sich in höherem Maße selbst.

„Man kann Menschen, die nicht wissen, wer sie sind, unter anderem daran erkennen, daß sie denken, sie gerieten in Isolation zu anderen Menschen, wenn sie zu sich selbst finden. Wer meint, Selbstfindung führe zu politischer Unverantwortlichkeit, zeigt, daß er nicht spürt, wer er selbst ist.”[9]

Mein Körper ist das grundlegende Medium, durch das ich die Welt erlebe. Auf der Basis meiner Erfahrung erschaffe ich mit anderen Menschen gemeinsam die größeren Strukturen der Welt — soziale, ökonomische, politische, kulturelle. Wenn sich die Struktur meines Körpers verändert, ändert sich auch meine Erfahrung und damit meine Beziehung zu anderen Strukturen.

In der Dämmerung der politischen Bewegungen der 60er Jahre führten zwei ihrer prominentesten Vertreter, Herbert Marcuse und Norman O. Brown, eine Diskussion darüber, wessen Lösungsstrategie richtiger sei. Sowohl Brown als auch Marcuse hatten als Propheten der Gegenkultur mit ihrer Synthese der Gedanken von Marx, Freud und Wilhelm Reich eine Rückkehr zum Körper und seiner Erotik gefordert. Sie waren sich darin einig, daß sich die repressiven Strukturen der kapitalistischen Gesellschaft in der Repression des menschlichen Körpers niederschlagen. Also wäre eine Rückkehr zum Körper ein revolutionärer Akt. Browns revolutionärer Weg führte tiefer in den Körper bis hin zum Körper der Menschheit. Er forderte die Zerstörung des Körper-Ichs, d. h. des individuellen Bewußtseins, vom Universum durch eine Mauer getrennt zu sein. Marcuse schlug einen mehr äußerlichen Weg ein und unterstützte die Gruppen, die die Zerstörung der repressiven soziopolitischen Strukturen selbst anstrebten. Marcuse argumentierte, Browns Mystifizierung des Körpers sei unverantwortlich und stelle eine raffiniertere Form der Sublimierung dar, die Brown selbst in seinem Buch „Life against Death” rücksichtslos bloßgestellt habe. Während Millionen von Menschen verhungern, die gesamte Welt verschmutzt wird und der nukleare Holocaust eine reale Möglichkeit ist, sei der einsiedlerische Weg der Körpergymnastik wirkungslos. Brown antwortete darauf, daß Marcuse den Teufelskreis von Revolutionen verkenne; Marcuse sei nicht radikal genug. Die Geschichte sei ein Kreislauf von Revolutionen, auf die jeweils eine Wiederherstellung der Repression folge; die alten Revolutionäre werden die neuen Diktatoren. Diesen Teufelskreis zu durchbrechen und eine wirklich neue Gesellschaft aufzubauen, erfordere eine viel radikalere Revolution als sie von Marcuse und den politischen Radikalen gedacht werde, nämlich eine Revolution in der Struktur des Körpers und im Begriff der Realität, der in dieser Struktur verwurzelt ist.[10]

Der schwierigste Teil des Rolfing besteht für die meisten Menschen darin, daß sie lernen müssen, mit ihrer alten Umgebung in einem neuen Körper in Beziehung zu treten. In den Monaten während und nach dem Rolfing kommen viele Leute zur Überzeugung, ihre Umwelt verändern zu müssen — ihren Beruf, ihre Ehe, ihren Freundeskreis und ihre Werte.

Zwischen dem Körper und der Körper-Politik liegt die Welt der Erfahrung. Meine unmittelbare Erfahrung (so allgegenwärtig, daß sie üblicherweise unbemerkt bleibt) ist körperlich: heiß und kalt, hart und weich, rechts und links, Balance und Ungleichgewicht, lustvoll und schmerzhaft, befriedigend oder störend, ängstlich oder friedlich. Auf der Basis dieser rudimentären Erfahrungen trete ich in die Welt. Dabei handele ich, vernachlässige bestimmte Formen von Aktivität und bevorzuge andere.

Meine Körperstruktur spiegelt sich in der Geschichte meiner Beziehung zur Welt außerhalb meiner Haut. Ich habe, was Fritz Perls eine „implodierte" Struktur nannte. Die Richtung der Energie geht von außen nach innen. Ich verfüge über sehr viel Energie in meinem Inneren, die ich aus vielfältigen Quellen während meines Lebens bezogen habe. Aber es war extrem schwierig für mich, diese Energie effektiv in die Welt hinein fließen zu lassen. Während meiner ersten zwanzig Lebensjahre war ich fast völlig in mich gekehrt und habe die meiste Zeit in Tagträumen und Phantasien von einem besseren Leben irgendwo anders verbracht. Als ich zwanzig Jahre alt war, wurden mir die kritischen Probleme der Welt langsam bewußt, und Mitgefühl für die Unterdrückten erwachte in mir. Im Geiste unterstützte ich jene Gruppen, die für bessere Bedingungen in der Welt eintraten, aber in meinem Verhalten war ich wie ein Mystiker und Gelehrter. In den 60er Jahren wurde das Mitgefühl zu Wut, hervorgerufen durch den Krieg in Vietnam. Während ich durch LSD und verschiedene Körpertherapien neue innere Bereiche in mir entdeckte, tat ich ein paar tastende Schritte nach außen, trat der „Resistance" bei und nahm an den Aktivitäten anderer radikaler Gruppen teil. Aber ich hielt mich sicher am Rand. Im Verlauf des vergangenen Jahrzehnts, in dem ich direkter an den Mauern in meinem Körper gearbeitet habe, kam ich mehr und mehr dazu, effektiv an der Welt teilzunehmen. Ich habe mich ein paar bescheidene Schritte aus meiner Traumwelt hinaus- und in den Tumult anderer Leute hineingewagt.

„Wahrzunehmen, daß alles in einem Körper stattfindet,
heißt, die alten politischen Kategorien umzuwandeln
und von Politik zu Metapolitik oder Poesie fortzuschreiten.

Das Proletariat ist tot,
aber wir sind das Proletariat;
lang lebe das Proletariat.
Es gilt, eine innere Bastille zu nehmen,
die Gefangenen zu befreien.
Oder besser: Die innere und die äußere Bastille ist die gleiche Bastille
Oder besser: Die Unterscheidung zwischen innerer
und äußerer ist die Bastille;
das falsche Realitätsprinzip,
die Macht des Realitätsprinzips
muß gebrochen werden.
Die Revolution ist ein visionärer Durchbruch
oder Poesie
oder Wahnsinn."[11]

Nach einer stillen Sitzung mit einem befreundeten Rolfer, in der dieser das Gewebe um mein linkes Hüftgelenk herum gelockert hatte, kam ich in mein Hotel zurück und weinte acht Stunden lang. Ich wurde von dem Bild von Toren gefangengenommen, die sich in mir öffneten. Die Tore schienen die beiden Hälften meines Brustkorbes zu sein. Als ich am nächsten Tag entlang den Sangre-de-Christo-Bergen nach Santa Fe zurückfuhr, konnte ich unendlich viel klarer sehen. Ich wurde von dem Bedürfnis beherrscht, mich unmittelbar in die Welt hineinzubegeben, die ich anschaute.

Effektives und wertvolles politisches Handeln muß zumindest zwei fundamentalen Anforderungen genügen: (1) Es muß aufgrund von Wissen vorgehen, und (2) es muß vorgehen. Beides sind Funktionen der Körperstruktur.
Klares Wissen darüber, welche politischen Strukturen der menschlichen Gemeinschaft dienlich sind, wurzelt in der grundlegenden Erfahrung, die jeder Mensch mit seiner inneren Regierungsform macht.

Der Mikrokosmos des Körpers ist ein politisches System. Ihr Körper ist ein politisches System, das funktioniert oder nicht funktioniert, das gut oder schlecht funktioniert. Wir alle spüren unmittelbar, wie die vielen verschiedenen Teile interagieren, um einen gesunden oder aber einen kranken Organismus zu bilden. Und wenn Sie ein Bewußtsein entwickeln, wie es Ihnen dieses Buch nahebringen möchte, dann können Sie sich ein direktes Gespür für die Mechanismen erwerben, die ein besseres oder schlechteres Funktionieren des Organismus bewirken. Sie werden fühlen, welche die Konstituenten optimaler Funktionen sind.

Glasklares Wissen darüber, was „sein sollte", genügt nicht. Solches Wissen muß in der Lage sein, auf der Ebene effektiven Handelns vorzugehen. Für viele Menschen ist das ein größeres Problem. Unsere Energien sind in unseren Körpern eingeschlossen. Wir befinden uns mit uns selbst derartig im Konflikt, daß wir nicht dazu fähig sind, gemeinsam mit ähnlich denkenden Menschen eine harmonischere Gesellschaft aufzubauen. Die Blockierungen unserer Energien finden sich in angespannten Brustmuskeln, schwächlichen Extensoren am Rücken, chronisch kontrahierten Halsmuskeln oder in einem verkürzten Psoas.

„Da sich zeigen läßt, daß die äußere Welt eines Menschen eine Projektion seines Inneren darstellt, ist es nicht denkbar, daß sich einige unserer derzeitigen Probleme durch die Erforschung des Menschen selbst, seines physischen Seins, seines Körpers lösen lassen? Könnte es logisch sein anzunehmen, daß die äußeren Wirren des Menschen, wie sie sich in Zeitgeist und Kultur zeigen, abnehmen, wenn man eine Methode fände, seine physische Struktur besser zu organisieren?"[12]

Ich vertrete nicht die Theorie, die Gesellschaft sei eine Ansammlung von Individuen. Im Gegenteil meine ich, daß viele Übel unserer Kultur auf der Illusion beruhen, wir seien atomisierte Individuen. Selbst ein Soziologe oder Anthropologe, der über das Individuum als ein gesellschaftliches Produkt Bücher schreibt, mag sich in Wirklichkeit selbst als ein atomisiertes Individuum erleben, das radikal von der weiteren Welt abgeschnitten ist. Ich meine ferner, daß die Struktur des Körpers eine wesentliche Rolle für diese illusorische Annahme spielt. Sobald der Körper von Spannungen und Unausgeglichenheiten befreit ist, fühlt sich die Person mit der Welt verbundener.

Eine junge Frau hatte gerade die Arbeit an ihrem Kopf und Hals mit mir beendet. Als sie dabei war, meine Praxis zu verlassen, erstarrte sie an der Tür mit Tränen in den Augen. „Ich schaffe es nicht, diesen Raum zu verlassen. Mein früheres Gesicht verdeckte meine Gefühle und schützte mich vor den anderen. Ich möchte mich nicht all dem aussetzen, was mich da draußen erwartet."

Die Entwicklung unserer Körperstruktur wird von zwei wesentlichen Faktoren beeinflußt: dem Bedürfnis nach Schutz und dem Wunsch, einen bestimmten Eindruck zu erwecken. Viele Menschen haben ihren Körper so ausgebildet, daß er sie vor dem Erleben physischen oder emotionalen Schmerzes schützt. Ihre körperliche Erscheinung dient den Menschen dazu, attraktiv (oder ängstlich oder kühl oder abweisend) auszusehen. Nur sehr wenige Menschen achten stark darauf, was wirklich nützlich für ihren Körper ist, was ihn auf jeder Ebene nährt, was ihm echtes Behagen und Wohlbefinden gibt.

Das Bedürfnis nach Schutz und der Wunsch, einen bestimmten Eindruck zu vermitteln, spiegeln sich in unseren soziopolitischen Strukturen. Verteidigungsbereitschaft und Polieren am eigenen Image sind alltäglich und weitverbreitet. Ein großer Teil des Staatshaushalts wird für militärische Zwecke ausgegeben. Der Stil politischer Führung soll den Eindruck von Vertrauenswürdigkeit und Kompetenz erwecken. Selbst die eigentlich sozialen Aufgaben des Staates — Gesundheits-, Bildungs- und Sozialwesen — weisen denselben Mangel an Klarheit auf wie unser persönlicher Umgang mit unserem Körper. Genau wie wir nur wenig Gespür für eine angemessene Versorgung unseres Körpers haben, haben wir auch wenig Sinn dafür, wie wir unseren kollektiven Reichtum zur Unterstützung der Armen, Ausbildung der Kinder, Pflege der Alten oder medizinischen Versorgung der Kranken nützen können.

Als Ray zu seiner achten Sitzung kam, schneite es stark. Er berichtete, er habe in seinem Körper nichts Nennenswertes wahrgenommen, weil er zu sehr mit seinem Studium beschäftigt gewesen sei. Immerhin hatte er zum ersten Mal seit Monaten keine Schmerzen gehabt. Die Sitzung verlief sehr einfach. Ich arbeitete überwiegend an seinen Unterschenkeln und Füßen mit dem Ziel, seine rechte und linke Körperseite besser auszubalancieren und dem Becken mehr Bewegungsfreiheit zu verschaffen. Seine linke Seite war kürzer als die rechte, was zu einem großen Teil auf einer Rotation der beiden Unterschenkelknochen seines linken Beines beruhte. Er spürte in der Tat eine deutliche Dehnung seiner gesamten linken Seite und fühlte sich insgesamt leichter.

Das besondere Ziel des Rolfing besteht in der Unterstützung der inneren körperlichen Dynamik, die zur Vollkommenheit körperlicher Funktionen im Verhältnis zur Schwerkraft tendiert. Das Ziel ist nicht Offenheit, sondern Freiheit der Wahl.

Die Einstellung, die jeder von uns hinsichtlich seiner Körperstruktur hat, spiegelt sich in der Einstellung gegenüber politischen Strukturen:
„Es ist nun einmal so. Es war immer schon so und wird auch so bleiben."
„Es gefällt mir nicht. Aber man kann nichts daran ändern."
„Ich finde es großartig." („Da ich nichts dagegen tun kann, denke ich lieber nicht über die Mängel nach.")
„Nun, manches könnte besser sein. Ich kann da und dort ein bißchen tun. Aber man darf sich keine zu großen Hoffnungen machen. Es läßt sich nicht sehr viel machen."
„Man soll den Dingen ihren Lauf lassen."
„Ich hasse diese Sache, und ich werde mich abstrampeln, um sie zu verändern."

Jeder Mensch hat ein fundamentales körperliches Gefühl für Ordnung, Zusammenspiel von Teilen eines Systems, Fluß und Blockierung von Energie und Effektivität von Bewegung in einem System. Sogar der grundlegende politische Begriff der Gerechtigkeit ist zum Teil in unserem körperlichen Erleben von Aufrecht-Sein, Balance und der Beziehung zwischen der rechten und der linken Seite unseres Körpers verwurzelt. Wenn die Erfahrungen undeutlich sind, die den Boden unseres politischen Denkens bilden (wenn wir zum Beispiel nur ein vages Gefühl für Balance in unserem Körper haben), werden unsere politischen Kategorien nicht weniger undeutlich sein.
Konfusion im Körper ist der Partner geistiger Verwirrung. Wenn Sie jemals einen sezierten Körper oder ein Foto davon gesehen haben, haben Sie vielleicht bemerkt, daß die Fasern des Bindegewebes an bestimmten Körperstellen buchstäblich durcheinander geraten sind; es gibt kein Muster in ihrem Verlauf. Anstatt einen klaren Kanal für die Bewegung ihrer Muskeln zu liefern, verzerren sie diese und ziehen die Muskelfasern in verschiedene Richtungen. Man kann eine solche Konfusion an einem lebendigen Körper sehen und fühlen.

Beobachten Sie einmal die Leute auf einer belebten Einkaufsstraße. Sie werden auf viele Beispiele dafür treffen, daß Leute nicht recht wissen, was sie mit ihren Beinen tun, wie sie ihre Arme schwingen oder ihr Gepäck bequem tragen sollen. Diese körperlichen Konfusionen zeigen sich in großem Maßstab in unserer konfusen Art, das Weltgeschehen zu lenken.

Ernsthafte Arbeit am eigenen Körper schließt ein ernsthaftes Engagement für größere soziale Ziele ein. Es ist nicht möglich, an eine Verbesserung des Lebens eines persönlichen Körpers zu denken, ohne das Leben des politischen Körpers zu verbessern. Selbst wenn Sie sich als Einsiedler in eine Höhle in den Bergen zurückzögen, könnten Sie der Luftverschmutzung nicht entfliehen.

Wenn die Verdickungen an den Faszien, die unsere Wahrnehmungsorgane durchziehen, beseitigt sind, nehmen wir mehr Eindrücke aus unserer Umwelt auf. Wir werden sensibler für Konflikte, Feindseligkeit und Leiden, die uns umgeben. Schließlich sind sie es, wegen denen wir den Panzer anfänglich aufgebaut haben. Wir stehen dann verschiedenen Alternativen gegenüber. Wir können uns zum Beispiel aus dieser verrückten Welt in ein elitäres Dasein flüchten und abgeschieden von unangenehmen Eindrücken leben. Wir können auch den schizophrenen Kompromiß fortsetzen, in dieser Welt, wie sie ist, zu leben, unser Geheimnis für uns zu behalten und uns höchstens mit Gleichgesinnten bei Kerzenlicht dafür zu begeistern. Oder wir können damit beginnen, unser inneres Wohlbefinden sich ausdehnen zu lassen, um eine wohltuendere Umwelt für uns selbst, unsere Familie, unsere Situation am Arbeitsplatz, unsere Freunde und noch weitere Kreise zu schaffen.

Das Thema dieses Kapitels ist mindestens so alt wie das klassische westliche Werk über Politik, Platos „Politeia". Plato baute seine Analyse des Staates auf der Analogie zum Menschen auf. Jedes Element des Staates entsprach einem Teil des Menschen; jeder Prozeß und jede Interaktion von Elementen innerhalb von Wachstum und Verfall des Staates entsprach einem Prozeß von Wachstum oder Verfall des Individuums. Paulus benutzte den menschlichen Körper als Analogie, um die Struktur einer idealen christlichen Gemeinschaft zu beschreiben. Die Alchimisten sahen den Körper als einen Mikrokosmos, dessen

Analyse Wissen über den Makrokosmos des Universums liefern könnte. Freud verfolgte die Kulturgeschichte des Menschen zurück bis zu ihren Wurzeln in intrapsychischen Konflikten, die Reich direkt zur Struktur des Körpers in Beziehung setzte. Einige zeitgenössische Anthropologen behaupten wie die Alchimisten, daß die Struktur einer bestimmten Kultur sich in den körperlichen Mustern eines jeden ihrer Mitglieder niederschlage.

> „Vernunft sucht nach Vereinheitlichung; doch sie trifft auf
>   Unterscheidung,
> Entfremdung genannt im alten marxistischen Vokabular,
> Fragmente, Spaltungen im neueren Freudschen Vokabular,
> Schismen,
> Schizophrenie.
> Machen wir einen großen Sprung nach vorne:
> Entfremdung ist Schizophrenie,
> das Resultat des Widerspruchs zwischen Marx und Freud ist ihre
>   Vereinigung,
> die Erkenntnis der Analogie zwischen beiden,
> der Analogie zwischen   sozial und psychisch
>   Gesellschaft und Seele
>   Körper und Körper-Politik.“[13]

Dieses Kapitel ist ein Versuch in Metapolitik. Es ist weder die Verteidigung noch die Kritik irgendeines politischen Systems. Es soll Ihnen ein Leitfaden für Ihre Gedanken darüber sein, wie jedes politische System in dem Körperleben seiner Mitglieder wurzelt. Solche Gedanken sind gefährlich; sie sind dazu bestimmt, Sie und die Welt zu verändern.

Wilhelm Reich hat die Grundlagen für ein genaueres Verständnis der Beziehung zwischen Körperstruktur und politischer Struktur geliefert. Aber gegenwärtig sind wir erst an der Schwelle zu brauchbarem Wissen.

Die Forschungen der Sozialanthropologen haben in den letzten Jahren wesentlich zum Verständnis des Verhältnisses zwischen dem Körper und größeren kulturellen Formen beigetragen. Aber selbst hier befassen sich die Studien mehr mit Manifestationen des menschlichen Körpers, die eher mit Haltung als mit Struktur zu tun haben: nonver-

126

baler Ausdruck, Tanz, Kleidung, Rituale. Es gibt keine Untersuchungen der tieferen Körperstruktur in verschiedenen Kulturen.

„Während wir Körperformen, Kopfschmuck aus Federn, Penis-schützer, Lächeln, Haltungen, Ohrringe, Tätowierungen, Deformationen des Schädels, Gesten usw. untersucht haben, haben wir jeden dieser Gegenstände isoliert erforscht. Wir haben es zugelassen, daß unsere eigene soziale Anomie, unsere Formlosigkeit sich in unsere Untersuchungen eingeschlichen hat, und wir haben es versäumt, den Abgrenzungen und Definitionen unserer Gegenstände eine bestimmte organische Form und Struktur zu geben. Da wir es nicht geschafft haben, den Körper als ein ganzheitliches System von Bedeutungen zu erfassen, haben wir auch dabei versagt, die Untersuchung der *körper-lichen* Form für das Verständnis der *sozialen* Form nutzbar zu machen, und von daher haben wir unser Verständnis von sozialen Systemen und sozialen Körpern nicht erweitern können."[14]

Viele Menschen wünschen sich einen Körper, in dem alle Teile zum Wohle des Ganzen zusammenarbeiten, in dem das Ganze und die Teile sich gegenseitig ergänzen und unterstützen, in dem die Energie des gesamten Systems maximiert ist und in dem Bewegungen leicht und lustvoll sind. Aber wie kann man ein solches System einrichten, ohne es schon erlebt zu haben?

Harmonie, Integration, Einheit — darum geht es sowohl für das Individuum als auch für die Menschheit. Meine Geschichte und die jener Menschen, über die ich berichtet habe, sind voller Konflikte. Johnnys verspanntes Becken schützt ihn davor, sich den irrationalen Kräften sexueller Energie zu überlassen. Seine feste Muskulatur, die er entwickelt hat, um ein guter Athlet, für Frauen attraktiv und von seinem Vater gelobt zu werden, hemmt ihn statt dessen und verbraucht unnötig Energie, so daß er als Sportler erfolglos, für Frauen unattrak-tiv und für seinen Vater eine Enttäuschung ist. Seine Gefühle sind zer-rissen zwischen Haß gegen die Eltern einerseits und Liebe bis zur völligen Unterwerfung unter ihre Pläne für sein Leben andererseits. Seine Welt besteht nur aus Konflikten: Die Menschen sind sich feind-lich gesinnt, Klassen bekämpfen sich, Nationen verschleudern ihr Geld für Militärausgaben. Also was bedeuten Einheit und Harmonie? Welche denkbare empirische Basis kann Johnny für sein Verständnis davon haben, was er in seiner Welt erreichen möchte?

Die empirische Basis muß langsam von innen her geformt werden. Man kann Johnny dazu verhelfen, die Bewegung zu spüren, die von jedem Atemzug ausgeht, sich nach unten durch die Beine bis zu den Füßen und nach oben durch den Rücken bis in den Kopf fortsetzt. Er kann lernen, seinen Körper wahrzunehmen, so daß er beim Gehen die leichte Bewegung spürt, die vom Steißbein aus durch seinen ganzen Rücken hindurch bis in die Schädelbasis hinein fließt. Er kann lernen, wie er beim Sitzen durch kleine Korrekturen an der Haltung seines Beckens dafür sorgen kann, daß sein Kopf leichter und klarer ist, und wie er mit seinem Atem den oberen Brustbereich offenhalten kann. Das ist natürlich ein bescheidener, beinahe nichtiger Anfang, weit entfernt von einer Veränderung der Menschheit; aber der kleine Anfang ist einer der vielen Faktoren, die notwendig sind, um den endlosen Kreislauf menschlicher Unterdrückung zu durchbrechen.

Selbst in diesem kleinen Anfang zeigt sich der Zusammenhang von persönlichem und politischen Handeln. Wenn Johnnys Eltern zum Beispiel sensibler für die Bedürfnisse seines Körpers werden, werden sie mit anderen Eltern vielleicht für eine Veränderung der physischen Struktur des Klassenraums eintreten, in dem er so viel Zeit verbringt. Sie dürften ebenso ein verändertes Angebot an Nahrungsmitteln in der Cafeteria der Schule anstreben. Bald würde ihnen klar werden, daß die in der Schule vorhandenen Nahrungsmittel und Möbel aufgrund von Verträgen dorthin gelangen, die auf eine enge Verbindung weiter Industriezweige mit höchsten Regierungsstellen hindeuten. Weder der Schulleiter noch die regionale Schulbehörde sind auf diesem Gebiet zuständig; die Eltern wären gezwungen, sich auf Landesebene politisch zu engagieren. Johnnys Eltern lesen auch viele Berichte über die Auswirkungen der Umweltverschmutzung auf die Gesundheit. Wenn sie sich Gruppen anschließen, die gegen derartige destruktive Folgen der Industrialisierung kämpfen, befinden sie sich bereits auf der Ebene nationaler und internationaler Politik.

Die Vollendung der menschlichen Form ist uns nicht von Anfang an gegeben. Die Maximierung körperlicher Energie, das Herstellen von größtmöglichem Wohlbefinden, Spannkraft und Wahrnehmungsfähigkeit innerhalb der aufrechten Haltung sind die Errungenschaften einer jahrhundertelangen Menschheitsgeschichte und eines jahrzehntelangen individuellen Lebens. Das gilt auch für die politische Form. Es geht nicht darum, auf primitive Ursprünge oder tierische Organisationsformen zurückzugreifen, und auch nicht darum, unter vorhandenen Alternativen zu wählen. Es geht darum, Kreativität freizusetzen und unsere alten Vorstellungen von den Dingen zu sprengen.

Der politische Körper ist wie der Körper des Proteus oder jene tanzenden Körper in meinem Traum: ein durchsichtiges, veränderliches, bewegliches Energiefeld. Nichts ist fest daran.

8

Der Körper und das Spirituelle

Norman O. Brown sagte in einem Interview mit der Zeitschrift „The Free Spaghetti Dinner", die in Santa Cruz erscheint, im Juni 1970: „Der Weg in ‚Life against Death' führte tief in den Körper hinein zu dem Ergebnis, daß die Realität körperlich ist. Aber nachdem ich dort angekommen war, tat sich ein neuer Weg auf, der sich folgendermaßen beschreiben läßt: Der Körper ist, sobald du ihn findest, nicht nur ein Körper. In christlicher Terminologie ist er ein spiritueller Körper."

Mein zentrales Anliegen in diesem Buch bestand darin, die verbreitete Annahme, der Körper sei ein klar umgrenztes, festes, unveränderliches und isoliertes Objekt, zu entkräften. Im vorangegangenen Kapitel habe ich begonnen, die Grenzen des individuellen Körpers auszudehnen und die enge Wechselwirkung zu beschreiben, die zwischen dem besteht, was innerhalb Ihrer Haut vorgeht, und dem, was außerhalb in der bekannten Welt soziopolitischer Strukturen anzutreffen ist. Dieses Kapitel setzt den Angriff auf das Denken in Grenzen weiter fort.

Wo hört Ihr Körper auf und wo fängt meiner an? Wo endet die Luft, die in Ihre Lungen strömt, und wo beginnen Sie? Unterscheiden Sie sich von der Nahrung und den Abfallprodukten in Ihrem Organismus? Was sind die Grenzen zwischen Ihnen, Ihren Geruchswahrnehmungen und denen, die Sie riechen; zwischen dem Licht, das Sie reflektieren, und den Augen, die Sie sehen; zwischen den Tönen, die Sie von sich geben, und den Ohren, die Sie hören; zwischen Ihnen zu dem die Gedanken auf einem Blatt Papier und der Stift und das Papier gehören, und der Person, die Ihren Brief liest?

Obwohl die Haut eine brauchbare Grenze für die Zwecke normalen Umgangs und Handelns darstellt — ist sie auch nur ein bißchen *realer* als die Grenze, die ein Landvermesser um Ihr Grundstück zieht?

Die allgemeine Vorstellung vom Körper ist die von einem Gegenstand in Raum und Zeit. Diese Vorstellung ist ein Beispiel für die verbreitete Tendenz, Geist und Materie voneinander zu trennen. Versteht man den Körper jedoch als ein energetisches System, dann versteht man ihn in Beziehung zu anderen Systemen. Ich erfahre zu jedem gegebenen Augenblick eine ganze Reihe von Beziehungen: die Beziehung zwischen Körper, Atmosphäre und Nahrung; die Beziehung zwischen zentralem Nervensystem und Klängen, Farben, Licht und Formen; die Beziehung zwischen Erinnerung, Appetit oder Instinkt und der Umwelt.

Das „Spirituelle" wird erfahrbar, wenn alle Grenzen künstlich erscheinen.

Einige der Grenzen sind offensichtlich menschliche Konstruktionen: Zäune um Privatgrundstücke, Staats- und Landesgrenzen, Abgrenzungen zwischen Physik und Chemie. Manche Menschen lassen sich jedoch dazu verleiten, diese Grenzen für natürlich oder gottgewollt zu halten. Die Grenzen, mit denen ich mich in diesem Buch ausgiebig beschäftigt habe, sind Grenzen innerhalb des Körpers: Mauern, die wir errichtet haben, um vor Gefahren von außen geschützt zu sein; kompensatorische Verhärtungen von Muskelgruppen, die verhindern sollen, daß wir die Schmerzen unserer unbalancierten Körper spüren; Verfestigungen der Faszien, die unsere Wahrnehmungsfähigkeit beeinträchtigen, indem sie sich störend zwischen Reize und sensorische Rezeptoren schieben.

Eines Tages ging ich auf einen Pier im Golf von Mexiko, nachdem Ida eine Stunde lang mit mir hauptsächlich daran gearbeitet hatte, meinen unteren Rückenbereich zu lockern und in eine neue Position zu bringen. Ich hörte auf zu existieren. Ich erlebte mich als Teil der vom Meer kommenden Brise, als Teil der Bewegungen des Wassers und der Fische, als Teil der Sonnenstrahlen, als Teil der Palmen und der tropischen Blumen. Ich hatte kein Gefühl für Vergangenheit oder

Zukunft. Das war nicht gerade ein beglückendes Erlebnis für mich: ich war entsetzt. Es war jene Art von Ekstase, die ich mit großem Energieaufwand zu vermeiden versucht hatte.

Ich fühlte mich nicht *identisch* mit Wasser, Wind und Licht, sondern als Teil eines *einzigen Systems* von Bewegungen, das allem gemeinsam war. Wir alle tanzten miteinander. Alle Grenzen als künstlich zu empfinden, bedeutet nicht, alles als eins zu erleben, sondern sich mit allem verbunden zu fühlen.

Die psychotische Qualität dieser Erfahrung kam von meiner Angst, die tief in meinem Körper verankert war. Nachdem mein Körper im Laufe der Jahre integrierter geworden ist, sind mir derartige Erlebnisse ohne Angst zugänglich.

Dorothy ist eine 35jährige, attraktive und intelligente Lehrerin für Naturwissenschaften. Sie war psychologisch stark vorgebildet und hatte an einer Reihe von Gruppen und Therapien teilgenommen, bevor sie zu mir kam, um sich rolfen zu lassen. Sie beklagte sich immer wieder über ihr Aussehen. Ebenso häufig berichtete sie von ihrer Verwirrung, wenn sie von einem Freund oder Kollegen gebeten wurde, zu erklären, was Rolfing ist. Da sie nicht in der Lage war, ihnen eine angemessene Erklärung zu geben, stellte sie die Bedeutung ihrer persönlichen Erfahrung in Frage. Im weiteren Verlauf des Rolfing bemerkte ich eine unendliche Traurigkeit in ihr. Ich gewann den Eindruck, daß sie ihr Selbstwertgefühl nur von außen bezog und nicht aus einem Gefühl für sich selbst. Eines Tages war sie so verstört, daß sie nicht arbeiten, sondern nur reden wollte. An einem Punkt unseres Gesprächs fragte ich sie, was sie von dem hielte, was man „spirituell" nennt. Schnell und nachdrücklich antwortete sie, daß sie jede Beziehung dazu abgebrochen habe, als sie elf Jahre alt war. Ich fragte, ob sie irgendeine Ebene ihres Wesens kenne, die einfach in Ordnung sei, einfach nur da sei, unabhängig davon, was irgendwer darüber denken mochte. Tränen brachen aus ihr hervor, begleitet von einer Flut von Erinnerungen, besonders an den Tod ihrer Großmutter, die gestorben war, als Dorothy vier Jahre alt war. Sie war der einzige Mensch gewesen, der Dorothy ein solches Gefühl vermittelt hatte, und sie war nicht lange für sie da gewesen. Das ganze Elend ihrer frühen Kindheit tauchte auf. Dabei wurde ihr langsam klar, daß sie alle ihre Therapien dazu benutzt hatte, ein größeres Wissen darüber zu erwerben, wie wertlos sie und andere Menschen im Grunde waren. Gestalttherapie hatte ihr dazu gedient, ihre ausgefeilten sozialen Spiele schärfer beobachten zu können; Rolfing hatte sie dazu benutzt, die subtilen Blocks und Unausgeglichenheiten in ihrem Körper noch deutlicher zu spüren.

Es war deutlich, daß sie kein Gespür für ihr Selbst, für ihr Wesen hatte. Ihre Wirklichkeit bestand aus konditionierten Reflexen und sozialen Spielen. Ich gab ihr zu bedenken, daß sie vielleicht davon profitieren würde, wenn sie einige Energie und Aufmerksamkeit für die tieferen Schichten ihres Selbst aufbringen würde, indem sie eine Form von Meditation praktizierte. Sie erzählte, daß sie eine Zeitlang Transzendentale Meditation gemacht habe. Sie sprach davon wie von allem anderen auch. Sie war ärgerlich geworden, weil es nicht richtig klappte; sie hatte nichts davon gehabt; sie wußte nicht, wie sie es hätte anpacken sollen. Ich schlug ihr vor, es noch einmal zu versuchen, dieses Mal jedoch mit der Einstellung, sich selbst einfach zu erlauben dazusein, das Mantra zu wiederholen und sich einfach nur anzuschauen, was in ihr aufsteigen würde, selbst wenn es Unruhe und Selbstvorwürfe seien. Ich schlug ihr vor, sich für eine kurze Zeit am Tage zu gestatten *zu sein*, so daß ein tiefes Selbst-Bewußtsein sich entwickeln könne.

Während meiner Sitzung mit Dorothy gewann ich mehr Klarheit über das Wesen spiritueller Kompetenz und ihre Beziehung zu anderen beruflichen Qualifikationen. Es gibt einen jahrtausendealten Fundus an Wissen über Methoden, die entwickelt wurden, um jene Art von Selbst-Bewußtsein zu fördern, wie es Dorothy in ihrer Kindheit verloren hatte. Es gibt Menschen, die in diesen Methoden ausgebildet sind, genauso wie es Leute gibt, die sich als Gestalttherapeuten oder Rolfer qualifiziert haben. Ida Rolf ist ein Genie, was den physischen Körper angeht, aber sie hat keine besonderen Fähigkeiten im Umgang mit dem spirituellen oder emotionalen Selbst. Carl Jung war ein Genie im Entwirren psychischer Schwierigkeiten; er verstand einiges vom Spirituellen und wenig vom Körper. Swami Muktananda ist genial, wenn es darum geht, Menschen den Weg zu spiritueller Erfahrung zu eröffnen; er hat große Einsicht in Körper und Gefühle.

Hier sind ein paar Fragen, die Ihnen helfen können, die spirituelle Ebene Ihrer Existenz zu entdecken. Fragen Sie sich: Bin ich fähig, einfach bei mir selbst zu sein — mir keine Sorgen darüber zu machen, was ich tun sollte, welche Probleme ich habe, oder ob ich diese Übung richtig mache; mich nicht darüber zu ärgern, wenn ich mich unwohl fühle, oder wenn mir diese Übung nicht gibt, was ich von ihr erwarte? Oder, wenn ich mir doch Sorgen mache und mich ärgere, kann ich einfach bei mir sein mit meinen Sorgen und meinem Ärger? Kann ich in einer bequemen Haltung bleiben, meinen Atem leicht gehen lassen und alles, was in mir vorgeht, geschehen lassen, ohne es zu blockieren? Kann ich mir meiner selbst bewußt sein, daß ich bin, was ich bin, und daß es gut so ist? Haben diese Fragen überhaupt irgendeinen Sinn für mich?

Das „Spirituelle" hat mit jener Ebene tiefster Integration im Menschen zu tun, die allen anderen Ebenen des Seins erst Sinn gibt. Wenn wir all die Grenzen als künstlich erleben, die wir benutzen, um unsere Welt zu formen, dann können wir das totale System ineinander verwobener Beziehungen selbst erfahren, das die einzige, nicht-künstliche Einheit darstellt.

Es gibt viele Parodien auf diese Ebene der Existenz. Die am weitesten verbreitete und auch destruktivste, was ihre Fähigkeit betrifft, Menschen von einer echten Spiritualität abzulenken, ist die Behauptung, daß spirituell zu sein bedeute, sich von der „illusionären" Welt von Materie, Zeit und Geschichte zurückzuziehen. Aus dieser Sicht wird das Ziel eines spirituellen Seins zur Vorstellung von einem Glück, das in unserer turbulenten Welt mit ihrer Ökonomie, ihrer Sexualität und ihrem Hunger unerreichbar ist. Eine solche Sicht läßt einige Grenzen bestehen: Da gibt es einerseits die spirituellen und andererseits die unspirituellen Menschen, da gibt es hier Geist und dort Materie, da gibt es eine wahre Welt ewiger Glückseligkeit und die Illusion von hungernden Menschen in Afrika.

Spirituelles Bewußtsein unterscheidet sich von psychotischen Zuständen durch eine Form innerer Sammlung, ein Sich-Zentrieren. Das Aufheben von Grenzen, das sowohl für spirituelle als auch für emotionale und körperliche Disziplinen charakteristisch ist, findet im Zusammenhang mit der Aufrechterhaltung eines Bewußtseins für den Kern des eigenen Wesens statt. So werden Sie zum Beispiel angehalten, still zu sitzen und zu atmen, während Sie von absolut chaotischen Bildern und Phantasien überflutet werden.

Die Fähigkeit sich zu zentrieren ist eine Funktion der Körperstruktur. Atemübungen, Hatha-Yoga oder spezielle Körperhaltungen während der Meditation sind Techniken, die den Körper darauf vorbereiten sollen, unter dem Eindruck der Auflösung seines Ichs zentriert zu bleiben. Ein zentrales Ziel des Rolfing ist die Belebung des physischen Zentrums des Körpers, unter anderem der tiefen Strukturen in Bauch und Becken.

Die Körper von Psychotikern weisen häufig eine Struktur auf, die das Erleben eines körperlichen Zentrums verhindert. So ist zum Beispiel das Becken oft so extrem nach vorn gekippt, daß kaum Energie durch den Körper fließen kann. In einem solchen Körper ist kein Gespür für Harmonie und Integrität möglich, wenn eine Flut von Phantasien in den Vordergrund der Erfahrung tritt.

Die Proteus-Form dieses Buches, die die Proteus-Form des Körpers augenfällig machen soll, mag Ihnen fragmentarisch, häufig unlogisch und unzusammenhängend erscheinen. Aber diese Fragmente befinden sich in einer Harmonie — nicht in der Harmonie rigider Logik, sondern in der Harmonie ineinander verschränkter, immer wieder auftauchender Themen.

Ein Maßstab für wahre Spiritualiät ist das Mitgefühl für alle Lebewesen, das aus der Erfahrung erwächst, Teil ihres Leidens zu sein. Diesen Maßstab haben Jesus, Buddha und andere echte spirituelle Meister der vergangenen Jahrhunderte an ihre Schüler angelegt. Solange ich eine Barriere zwischen mir und den hungernden Menschen auf der Welt, zwischen mir und den Problemen meiner Eltern oder zwischen mir und der Dummheit unserer Politiker spüre, habe ich die spirituelle Dimension der Realität nicht erfahren.

„Religion" ist nicht identisch mir dem Spirituellen. Beides mag in einem konkreten Fall sogar überhaupt nichts miteinander zu tun haben. Religionen sind für die spirituelle Ebene der Existenz, was politische Parteien für die soziopolitische Ebene des Selbst sind. Wir spüren ein Bedürfnis danach, Teil einer größeren Gemeinschaft und für die Welt von Nutzen zu sein. Politische Parteien mögen im Hinblick auf solche Bedürfnisse brauchbar sein oder nicht. Ähnlich kann die Mitgliedschaft in einer religiösen Gruppe oder das Ausüben bestimmter religiöser Praktiken zum Erleben der spirituellen Dimension des Lebens beitragen oder nicht.

Unter Körpertherapeuten ist es eine allgemeine Erfahrung, daß emotionale Faktoren die Körperarbeit behindern können, wenn man sich nicht direkt mit ihnen befaßt. Ich arbeite am Bauch einer Frau. Er ist völlig verspannt; nichts scheint sich angemesssen zu bewegen. Ich fühle mich unwohl und habe den Eindruck, daß sie irgendwie befremdet ist. Ich frage, was los ist. Sie sagt, daß viele Männer ihr in der Vergangenheit Schmerz zugefügt haben. Wir sprechen eine Weile über unsere Beziehung bei der Arbeit und werden uns klar über den Prozeß, der zwischen uns abläuft. Ich setze meine Arbeit fort und stelle fest, daß das Gewebe ihres Bauches sich im Einklang mit den Bewegungen meiner Hände öffnet. Oder: Jedesmal, wenn ich einen Mann am Hals berühre, springt er auf. Ich frage, was in ihm vorgeht. Er beginnt zu schluchzen und erzählt alle möglichen alten, traurigen Geschichten. Ich wende mich wieder seinem Hals zu, und er arbeitet gut mit.

Oft stelle ich fest, daß Schwierigkeiten auf der spirituellen Ebene die Körperarbeit stören. Dorothy ist dafür ein typisches Beispiel. Sie war zwar bereit, sich mit den physischen und emotionalen Inhalten der Körperarbeit auseinanderzusetzen, aber die Blockierung auf spiritueller Ebene stand einer vollen Integration ihres Körpers im Wege. Die Bereinigung ihres Bindegewebes diente nur dazu, aus ihr eine besser geölte Pessimistin zu machen.

Zu seiner neunten Rolfing-Sitzung erschien Ray mit ungewöhnlich viel Farbe und einem breiten Lächeln im Gesicht. Seine Eltern hatten ihn bislang immer in meine Praxis gebracht, weil sie sich Sorgen machten, die Sitzungen könnten so intensiv sein, daß er nicht mehr imstande wäre, selbst zu fahren. Heute kam er allein. Obwohl er ein paar Tage lang eine Magen-Darm-Grippe gehabt hatte, hatte er täglich Dauerläufe gemacht und Wasserball gespielt. Er hatte keinerlei Schmerzen gehabt. Die vorige Nacht war er bis vier Uhr früh tanzen gewesen. Heute war er zum ersten Mal seit mehreren Monaten wieder geritten. Seine Körpergröße, die immer einige Zentimeter unter der seines Vaters lag, hatte sich seit der sechsten Klasse nicht verändert. Jetzt berichtete er mit großer Freude, daß er so groß sei wie sein Vater.

Mein Ziel in dieser Sitzung war es, Schultern und Brustkorb ins Gleichgewicht zu bringen. Ursprünglich hatte sein ganzer Rumpf so ausgesehen, als habe ihn jemand im Uhrzeigersinn um seine senkrechte Achse gedreht. Die elften und zwölften Rippen waren besonders auf der linken Seite so verschoben gewesen, daß ich sie in den ersten Stunden kaum lokalisieren konnte. Die Stauchungen in den oberen drei Rippen und in den mit den Schultergelenken verbundenen myofaszialen Strukturen hatten es ihm beinahe unmöglich gemacht, sich von mir dort berühren zu lassen. Aber dieses Mal stellte sich heraus, daß die unteren Rippen aufgrund der vorangegangenen Arbeit sich so verlagert hatten, daß ich leicht an ihnen arbeiten und sie in eine normale Position bringen konnte. Er konnte es zulassen, daß ich tief in seine Achselhöhlen vordrang, um den kleinen Brustmuskel zu dehnen und den obersten Rippen mehr Bewegungsfreiheit zu ermöglichen. Ich dehnte außerdem das Gewebe in seinen Armen, wobei ich seinem rechten Handgelenk besondere Beachtung schenkte, das er bei einem Unfall schwer verletzt hatte. Als ich an seinem linken Unterarm arbeitete, erinnerte er sich daran, daß er sich vier Jahre zuvor einen Nagel durch seinen rechten Unterschenkel gerammt hatte. Am Ende der Sitzung wirkten Rippen und Schultern voller und ausgeglichener. Die neue Position des Brustkorbs gewährte dem Becken mehr Freiheit. Auf seinen Fotos zeigte sich wiederum eine deutliche Veränderung.

Die Sitzung verlief unbeschwert, locker und fröhlich. Wir lachten viel. Ida Rolf lehrt, daß während der späteren Sitzungen eine besondere Form des Sehens erforderlich ist. Dieses Sehen kommt von Herzen, aus dem Bewußtsein der Einheit mit dem anderen Menschen. Ich spürte diese Liebe und Einheit mit Ray und hatte eher das Gefühl, in ihm als von außen an ihm zu arbeiten.

Er erkundigte sich nach einer Fortsetzung des Rolfing nach den zehn Sitzungen. Ich erklärte ihm, daß die zehn Behandlungsstunden für ihn zunächst genug seien. Sie würden seinem Körper eine neue Balance geben, die sich während der nächsten Monate noch entfalten würde.

Die spirituelle Ebene ist mit dem Geheimnis des Aufrecht-Seins verbunden. Das Gefühl, mit dem Universum im Einklang zu sein, welches aus einem spirituellen Bewußtsein erwächst, geht Hand in Hand mit dem Gefühl von Leichtigkeit, welches mit der Befreiung und der Balance des Bindegewebes entsteht. Ein Körper, der sich im Einklang mit der Vertikalen befindet, scheint ohne diese beiden Faktoren nicht möglich zu sein.

Die Körpersysteme Indiens und Chinas, die heutzutage ihre Bestätigung in westlicher Forschung finden, betrachten den Körper als eine Organisationsform von Energie auf bestimmten Ebenen, die manchmal „Chakras" genannt werden. Jedes dieser Chakras ist bei einer gegebenen Person im Verhältnis zu den anderen Chakras mehr oder weniger energetisch geladen. Die verschiedenen, von spirituellen Meistern des Ostens entwickelten Meditationsmethoden haben zum Ziel, jedem Chakra ein Höchstmaß an Energie verfügbar zu machen und einen Einklang unter allen Chakras herzustellen. Auf diese Weise wird ein Energiefluß durch den gesamten Körper erreicht bis hin zu der entscheidenden Öffnung an der höchsten Stelle des Kopfes, dem obersten Chakra. Es gibt viele Menschen, die viel Psychotherapie und Körperarbeit, Rolfing eingeschlossen, hinter sich haben und nicht den Eindruck von Aufrecht-Sein vermitteln. Zusätzliche Arbeit auf spiritueller Ebene unter Anleitung eines qualifizierten Meisters kann solchen Leuten dazu verhelfen, die durch die psychologische und körperliche Arbeit gewonnene Freiheit besser zu nutzen.

Ich habe mit Unterweisung durch westliche spirituelle Meister zwölf Jahre lang die verschiedensten Formen der Meditation praktiziert. Als ich in einer Gruppe von Zen-Schülern aufgefordert wurde, einfach nur still zu sitzen und mir meinen Atem anzuschauen, wurde mir zum ersten Mal ein Mangel deutlich, den ich all die Jahre hindurch verspürt hatte. Das war 1967. Seither habe ich viel Körperarbeit gemacht und unter der Leitung östlicher Meister weiter meditiert. Aufgrund der Körperarbeit habe ich dabei jetzt wesentlich stärkere Erlebnisse.

Dem Westen fehlt die Tradition einer Lehre über die Beziehung zwischen dem Körper und höheren Formen des Bewußtseins. Es gibt keine einzige östliche Meditationsform, die nicht auch in spirituellen Schulen des Westens ausgeübt wurde: die Wiederholung kurzer Sätze (Mantra); Gesänge; visuelle Vorstellung spiritueller Führer (Jesus, Maria, die Heiligen); astrale Projektion, besonders in biblische Zeiten hinein; Visualisation heiliger Gegenstände (das Kreuz, das Blut Jesu); Hören auf die Mitteilungen heiliger Wesen; und einfach sitzen und schauen, was meine hauptsächliche Übung für mehr als zehn Jahre war. Was die östlichen von den westlichen Methoden grundsätzlich unterscheidet, ist die Bedeutung, die sie dem Körper und der materiellen Umwelt beimessen: die Beachtung der Körperhaltung, die in Indien durch die Übungen des Hatha-Yoga vermittelt wird; die Unterweisung im bewußten Atmen, sowohl die hochentwickelten Übungen des Hinduismus als auch die einfachen des Zen; die Tradition des heiligen Tanzes; die Raffinesse im Benutzen von Klängen und Konzentrieren von Energie durch Gesänge. Obwohl beide Traditionen die letztliche Bedeutungslosigkeit des Körpers lehren, erweist der Osten ihm eine praktische Reverenz als dem Nährboden für das Spirituelle. Im Westen ist diese Reverenz bestenfalls theoretisch.

Es ist eigentümlich festzustellen, daß die tiefgründigste Lehre über die Beziehung zwischen Körper und Geist im Evangelium zu finden ist. Die Bedeutung der Geburt Jesu Christi, eifersüchtig von den frühen Kirchenvätern gegen die verteidigt, die ihr einen spirituellen Sinn geben wollten, liegt darin, daß Gott Körper wurde; in Jesus vereinte sich Gott und Mensch. Johannes und Paulus argumentieren, die Existenz Jesu bedeute für uns, wir seien alle ein Körper. Wieder und wieder hat die Kirche über Jahrhunderte, von Konzil zu Konzil, betont, dies sei keine Metapher: Jesus sei ein *Körper* aus Fleisch und Blut; wir sind mit ihm und untereinander eins in unserer körperlichen Existenz; die Kirche ist eine Einheit von Körpern, mit einem körperlichen Leben ausgestattet, dessen Einheit auf körperlicher Ebene durch das Abendmahl demonstriert wird, in dem Brot gegessen und Wein getrunken wird. Paulus sagt, Jesus habe uns gelehrt, daß wir *ein* Körper seien und unsere Uneinigkeit eine Illusion sei.

Aber Körper haben Penis und Vagina und After. Das war für Leute wie den Heiligen Augustinus ein bißchen zu viel. Also behaupteten sie so nachdrücklich, wie die frühen Theologen die körperliche Realität von Jesus und der Göttlichkeit selbst vertreten hatten, Jesus habe seine intimen Organe, seine „Scham" nie benutzt, es sei denn zu Zwecken der Ausscheidung. Und er wurde auch nicht auf die übliche Art gezeugt, durch das Einführen eines Penis in eine Vagina. Nein, er wurde sogar, folgt man der kirchlichen Lehre, geboren, ohne daß Marias Jungfernhäutchen riß.

Im Westen wurde nur sehr allgemein und abstrakt vom Körper geredet. Das trifft nicht nur auf die christlichen Mystiker, sondern auch auf die Alchimisten zu. Die hermetische Tradition legt eine starke Betonung auf die Transformation des Körpers, aber es gibt keine ausgearbeitete Lehre darüber, wie diese Transformation denn nun konkret aussehen soll.

Überdies war zu jener Zeit das kulturelle Milieu der Mittelmeer-Länder ziemlich primitiv, was den Körper angeht. Die griechisch-römische Kunst vermittelt ein stark gepanzertes Bild vom Körper. Der weit entwickelten indischen Tradition kamen die Lehren der jüdischen Sekten, insbesondere der Essener, noch am nächsten. Aber selbst diese Überlieferungen forderten, den Körper durch Fasten, reinigende Diäten und unbarmherzigen Umgang in Form zu halten. Sie erkannten nicht, daß die Energie des Körpers Energie für den Geist zur Verfügung stellt.

Spirituelle Lehren beginnen sich erst mit dem Aufkommen des Mönchstums, mit dem Heiligen Benedikt im vierten Jahrhundert zu entwickeln. Sie gelangen im 12., 13. und 14. Jahrhundert zur Blüte. Aber sie enthalten nahezu keine Hinweise auf den Körper. Es ist in ihnen zwar viel von Reinigung, Fasten, physischen Entbehrungen und richtigen Gebetshaltungen die Rede. Aber der Ansatz ist negativ; der Körper soll nicht stören.

Mein eigenes Verhältnis zum Körper hat mindestens drei Phasen durchgemacht. Die ersten 32 Jahre meines Lebens *dachte* ich, der Körper sei unwichtig — mir lag sehr viel daran, so zu denken, weil ich meinen Körper nicht mochte —, aber in Wirklichkeit war er wichtig. Ich kritisierte ständig an mir herum, verursachte mir Schmerzen und Gefühle von Minderwertigkeit, Unruhe und Enttäuschung. In den folgenden Jahren hatte ich eine Reihe sehr intensiver Erlebnisse — ich las Norman O. Brown, nahm LSD, ging nach Esalen, ließ mich rolfen — und begann, den Körper sehr ernst zu nehmen. In dieser Zeit machte mir mein Körper weiter zu schaffen, aber ich fing an, ihn zu lieben und zu spüren, wie schön er war. Aber ich wollte immer noch einen möglichst perfekten Körper haben, sowohl um Ida Rolf zu gefallen, die sich immer daran störte, daß mein Kopf zu weit vorn saß, als auch um meinen Klienten, im Geiste meiner Jesuitenzeit, ein gutes Beispiel zu geben.

Im Verlauf eines Seminars mit Swami Muktananda im Jahre 1975 machte ich eine Erfahrung, die mir die völlige Unwichtigkeit des Körpers vor Augen führte. Während ich meditierte, kam er zu mir, berührte meine Schädeldecke und fing an, sie heftig zu reiben. Mich überkam die Erkenntnis: Ich bin nicht meine Gedanken. Ich bin nicht meine Unruhe. Ich bin nicht dieses oder jenes Bedürfnis. Ich bin nicht mein Körper. Infolge dieses Erlebnisses macht mir mein Körper keine Probleme mehr. Zum ersten Mal in meinem Leben fühle ich mich gut, wenn mein Körper so bleibt, wie er ist. Tatsache ist, daß mein Körper sich besser als jemals zuvor anfühlt und dem von Ida entworfenen Ideal der Balance viel näher kommt.

Der Körper ist letzten Endes unwichtig. Letzte Wichtigkeit hat nur die Liebe unter den Menschen. Es gibt lebenslange Krüppel und Leute mit völlig verdrehten Körpern, die voller Liebe sind und deren Leben der Menschlichkeit gedient haben. Es gibt Menschen mit balancierten, flexiblen und kraftvollen Körpern, die egoistisch und grausam sind. Die Arbeit am Körper hat nur im Zusammenhang mit den größeren Kräftefeldern des Lebens wirkliche Bedeutung, wenn sie den umfassenderen Zielen menschlichen Seins dient.

DAS PARADOX DES KÖRPERS

Muktananda lehrt, daß der Körper unwichtig ist. Sein ganzes Leben hindurch hat er sich ausgiebig um seinen Körper gekümmert. Er hat immer Hatha-Yoga praktiziert, eine gesunde Diät eingehalten und täglich lange Spaziergänge gemacht. Ähnliche Beachtung schenkt er seiner physischen Umgebung. Sein Ashram ist makellos sauber und schön. Jeden Morgen steht er in der Küche, um die Zubereitung der Mahlzeiten für den Tag zu überwachen. Er läßt nie einen Zweifel an seiner Achtung vor der materiellen Realität.

Ein Freund von mir gehört einer kabbalistischen Gruppe an, die die Wichtigkeit des Körpers lehrt. In seinem Haus ist nichts ordentlich oder sauber. Er ernährt sich schlecht, raucht viel und bewegt sich zu wenig. Dieser Mann fragte mich einmal, wie ich, ein Rolfer, mich mit einem Swami abgeben könne, der die Unwichtigkeit des Körpers vertrete.

Ida sagte einmal: „Man kann nicht über den Körper hinausgehen, bevor man ihn selbst nicht befreit hat."

Von einem anderen Standpunkt aus gesehen ist der Körper äußerst wichtig. Der Körper stellt eine Ebene unseres energetischen Feldes dar, und er wird in der einen oder anderen Form auf ewig mit uns verbunden sein. Die christliche Lehre läßt keinen Zweifel daran: Jesus erstand mit seinem Körper vom Tod auf; seine Mutter erhob sich mit ihrem Körper in den Himmel, und ihre Körper verbürgen, daß auch unsere Körper unsterblich sind. Paulus sagte, daß die ganze christliche Lehre mit der Gültigkeit dieser Überzeugung steht und fällt.

Von einer sehr anderen Perspektive betrachten die hinduistischen und buddhistischen Traditionen die Trennung von Geist und Materie als illusorisch. Der menschliche Körper hat danach an der ewigen und einheitlichen Realität des Kosmos teil, wenn auch in einem verwandelten Zustand.

Das bleibt natürlich eine Vermutung, ein Tanz im Angesicht des Todes. Der Kern dieser Vermutung ist ein weiterer Anschlag auf die Annahme, der Körper sei eine grobe, feste, im Prinzip unveränderbare Schachfigur im Spiel des Lebens.

Körper, Seele und Geist sind ineinander verwobene Systeme im Menschen. Jedes dieser Systeme repräsentiert einen Standpunkt, eine Integrationsebene oder eine Form von Energie, die in jedem Individuum zu finden ist. Persönliche Gesundheit hängt von einem harmonischen Ineinandergreifen aller drei Systeme ab. Versagt eines von ihnen, sind die anderen in ihrer Entwicklung blockiert.

In der Arbeit mit meinem eigenen und anderen Körpern habe ich ein Muster entdeckt, das ich in Anlehnung an eine Zen-Geschichte verdeutlichen will: Bevor man mit der Arbeit beginnt, gibt es nur den Körper mit seinen Sehnen, Därmen und Knochen. Wenn man sich auf die Arbeit einläßt, stellt man fest, daß der Körper mehr ist als nur ein Körper: Er ist ein Protokoll der Vergangenheit, in dem Eltern, Vorfahren, Dämonen und Götter auftauchen. Wenn man mit der Arbeit weiter fortgeschritten ist, entdeckt man, daß es nur den Körper gibt mit seinen Sehnen, Därmen und Knochen.

Eines Morgens vor mehreren Jahren kam Ida Rolf in ihr Wohnzimmer in Big Sur, wo ungefähr zwanzig Leute sich versammelt hatten. „In Esalen geht das Gerücht um, Ida Rolf denke, der Körper sei alles, was es gibt. Also, ich will meine Meinung kundtun, daß es mehr als den Körper gibt. Aber der Körper ist alles, was man mit seinen Händen berühren kann."

9
Körper, Sexualität und Liebe

„Lieben heißt verwandeln und verwandelt werden. Der Liebende muß flexibel, flüssig sein. Frauen haben tausend Gestalten, Formen oder *figurae*; der Liebende wird, wie Proteus, bald schmelzen und zu fließendem Wasser werden, bald ein Löwe sein, bald ein Baum, bald ein borstiger Keiler."[15]

Die Körper in meinem Traum tanzten miteinander in vollkommener Harmonie. Sie konnten verschmelzen, sich durchdringen und wieder auseinandergehen, ohne die Harmonie ihrer Bewegungen zu verlieren. Ihr Mangel an Festigkeit machte ihr harmonisches Handeln möglich.

Wir machen uns die Liebe schwer, wenn wir uns für fest und unveränderlich halten.

Stellen Sie sich einen Gruppentanz vor. Wenn mein Körper rigide ist und vorgegebenen, vorhersagbaren Bewegungsmustern folgt, bin ich in meiner Fähigkeit stark behindert, ein synchroner Teil der sich ständig verändernden Gruppenbewegung zu werden. Beobachten Sie eine Herde Antilopen, die eine Ebene überquert, eine Schar fliegender Wildgänse oder einen Fischschwarm. Die Körper befinden sich in einem vollkommenen Einklang mit der Gruppe und der andauernden Reizfolge von außen. Beim Klang eines Schusses drehen die Antilopen gleichzeitig ihre Köpfe, und ihre hellen Hinterteile schwingen als einheitliche Welle, während sie gemeinsam der Gefahr entfliehen. Wenn die Wildgänse einen Weiher erreichen, beginnen die Mitglieder der Schar, in wellenförmiger Abfolge zu landen. Forellen springen über Steine und Stromschnellen, wobei eine jede anscheinend auf spezielle Reize reagiert, aber der gemeinsame Rhythmus mit den anderen bleibt erhalten.

Die Rigidität meines Körpers, von Wilhelm Reich „Charakterpanzer"
genannt, macht es mir schwer, mich im Einklang mit dem Tanz der
Menschheit zu bewegen. Ich bin unruhig, müde, feindselig oder aus dem
Häuschen. Ich bin nicht sensibel für die vielfältigen und andauernden
Veränderungen der mich umgebenden Rhythmen.

Liebe heißt in Harmonie sein, fähig sein, sich mit anderen Menschen
zu bewegen. Die vorangegangenen Kapitel befaßten sich mit den körperlichen Hindernissen, die einer gemeinsamen Bewegung im Wege
stehen. Weiter im Takt.

Meine persönliche Geschichte, die frühkindlichen Traumata, die Meinungen meiner Eltern und anderer wichtiger Erwachsener über den Sinn
des Lebens und meine Reaktionen auf all das haben einen Körper hervorgebracht, der für andere Körper nicht empfänglich war. Ich meine
nicht, sexuell unempfänglich: Ich bekam bei der leichtesten Berührung
eine Erektion. Aber ich reagierte nicht auf den ganzen Körper anderer
Menschen, auf ihre Ängste, Schmerzen, Liebe, Weisheit und Intuition —
ich reagierte nicht auf die Botschaften, die sowohl aus ihren Bäuchen
und Herzen als auch von ihren Genitalien und Gehirnen kamen. Die
ersten 35 Jahre meines Lebens war meine Energie in Kopf und Genitalien gefangen. Nach außen lebte ich das Leben eines Intellektuellen;
mein Innenleben war voller sexueller Phantasien, vor denen ich wegen
meiner religiösen Überzeugungen meistens Angst hatte und die ich nur
selten genießen konnte. Orgasmen und Hirngespinste waren sich in jener
Zeit sehr ähnlich. Beide standen in keiner Beziehung zu anderen Menschen, sie waren Explosionen der vulkanischen Energie, die in den ent-
sprechenden Teilen meines Körpers festsaß, sie waren ungeheure Aus-
brüche von Samen oder intellektuellen Einsichten. Sie hatten kaum
etwas mit Liebe zu tun,
Ich dachte zu jener Zeit viel über Liebe nach, ich lehrte viel darüber
und überzeugte viele meiner Studenten von der Liebe als dem Sinn des
Lebens. Aber selbst mitten unter Menschen, die ich mochte und für die
ich mich einsetzte, spürte ich die Barrieren, fühlte mich verlassen und
allein und starrte Löcher in die Luft. Die höllischen Erfahrungen meiner
ersten psychedelischen Trips fühlten sich an, als seien sie für immer in
einem dunklen Turm eingeschlossen, dessen Mauern mich von allem
trennten, was mich umgab.

Liebe verlangt *ganze* Körper, die füreinander da sind, nicht nur mit ihren Genitalien oder ihren Mündern oder Gehirnen oder Händen. Auch nicht nur mit der äußeren Hülle. Liebe bedeutet, daß ich mich in einer harmonischen Beziehung dazu befinde, wie Sie gerade körperlich sind.

Jede Liebe, selbst spirituelle, ist körperlich. Der Körper ist das Medium der Kommunikation. Auch die Liebe unserer Vorfahren, die Liebe von Jesus und den Heiligen, von Buddha und Gott selbst ist körperlich. Die Kraft dieser abstrakten Art von Liebe umfaßt visuelle Vorstellung, Ikonografie und Meditation mit dem inneren Auge. Der Ausdruck dieser Liebe findet sich in körperlichen Ritualen und in Meditation.

Ich habe gesagt, ich war *gefangen* in Genitalien und Kopf. Diese Lebensqualität hing unmittelbar mit meiner Körperstruktur zusammen. Die einzigen Stellen in meinem Körper, die ich deutlich spürte, waren Kopf, Hals und Genitalien. Als ich während der letzten Jahre meinen Körperpanzer abtrug, entdeckte ich, daß meine Genitalien buchstäblich eingemauert waren: die faszialen Hüllen der verschiedenen Muskelgruppen rund um das Becken waren dick und fest, so daß nur wenig Gefühl von meinen Genitalien in den Rest meines Körpers, vom Rest meines Körpers in die Genitalien und zwischen meinen und den Genitalien meiner Partnerin fließen konnte. Physiologisch gesehen waren meine Genitalien von meinem übrigen Körper abgeschnitten; sie hatten ihren eigenen Willen, was eine Quelle von Gefahr und Bedrohung für mich darstellte. Das gleiche war mit meinem Kopf: er war von meinem übrigen Körper durch einen Hals getrennt, der so verspannt war, daß sich manche Muskeln wie Knochen anfühlten. Mein Leben war ein dauernder Kampf zwischen meinem Kopf, der Ideen über Güte und Wahrheit auswerfen wollte, und meinen Genitalien, die Samen auswerfen wollten. Mein Herz blieb im Niemandsland dazwischen begraben.

„Vereinigung und Einheit sind körperlich, nicht seelisch. Der erotische Charakter der Realität demaskiert Seele, Persönlichkeit und Ego, weil Seele, Persönlichkeit und Ego uns unterscheiden und trennen; sie machen uns zu Individuen, die man erhält, wenn man zerteilt, bis man nicht mehr zerteilen kann — Atome. Aber beseelte Individuen, von anderen getrennt, innen unspaltbar und von außen undurchdringbar, sind, wie physikalische Atome, eine Illusion; im 20. Jahrhundert, dem Zeitalter der Spaltung, können wir das Individuum genauso spalten wie das Atom. Seelen, Persönlichkeit und Egos sind Masken und Gespenster, die unsere Einheit als Körper verbergen. Die Menschheit stellt *eine* biologische Spezies dar . . . und uns unserer selbst als Körper bewußt werden bedeutet, uns der Menschheit als Einheit bewußt zu werden."[16]

Uns unserer Körperlichkeit bewußt zu werden heißt, mit der Menschheit eins zu werden. In meinen Ideen, Phantasien und Gefühlen kann ich mir leicht vorstellen, von Ihnen getrennt zu sein. Ich weiß nicht, was Sie denken oder fühlen, selbst wenn Sie mir es sagen, weil sich die Bedeutung Ihrer Worte von der Bedeutung unterscheiden kann, die ich ihnen beimesse — oder Sie sagen mir vielleicht nicht die Wahrheit. Aber auf körperlicher Ebene sind Sie in meinen Augen. Ihre Stimme dringt in meine Ohren. Unsere Energiefelder überschneiden sich und machen uns zu ineinandergreifenden Systemen. Wir können uns sogar berühren. Mehr noch; wir atmen beide die Luft, die uns umgibt. Wir bewegen uns im selben Kräftefeld der Erde. Wenn Sie die körperliche Realität unseres Lebens sorgfältig erforschen, wird es schwer, die Illusion des Getrennt-Seins aufrecht zu erhalten.

Liebe schließt auch ein, auf jeder Ebene unseres Seins — Geist, Herz, Därme, Genitalien — wahrzunehmen, daß die Subsysteme unserer Einheit gedankliche Konventionen sind, die nur so real sind, wie sie nützlich sind. Die Einheiten des Kreislaufsystems, des Moleküls, des Gehirns, der Erde, des Ich und des Du sind Sprachregelungen, die es erleichtern, Forschung zu betreiben und unseren Alltag zu ordnen. Um es zu wiederholen: Sie sind Werkzeuge für die Entschlüsselung der Bedeutung von Dingen; sie sind keine Abbildungen der Wirklichkeit. Es gibt ein System, in dem die Kreislauf-, Nerven-, geophysischen, Sonnen- und persönlichen Systeme nur Teile sind. Liebe ist die Einheit dieses Systems.

Liebe kann man nicht erwerben; sie ist die Realität, in der wir existieren. Umformung, Erkenntnis und Erleuchtung sind notwendig.

Ich kann davon ausgehen, daß ich ich bin, Sie Sie sind, die Erde die Erde ist — und so ist es. Ich kann mich als den einsamen Krieger begreifen, der durch ein feindliches Land zieht und dann und wann einen anderen Reisenden trifft. Wenn der Krieger nicht im Einklang mit der Schwerkraft steht, wenn sich die einzelnen Körperteile untereinander nicht in Harmonie befinden und wenn ein Körper von anderen Körpern physiologisch durch Mauern getrennt ist, ergibt eine derartige Weltsicht viel Sinn. Aber das Einreißen der Mauern läßt eine andere Möglichkeit erkennen.

Liebe ist kein Gefühl, keine Emotion und kein Affekt. Sie ist die Einstellung und das Verhalten eines Menschen, der von einem anderen Standpunkt ausgeht. Dieser Standpunkt ist die Erkenntnis, daß die Beziehungen der Wörter „ich", „du" und „die Erde" Elemente innerhalb eines einzigen, einheitlichen Energiesystems sind. Der Weg in den Körper ist ein Weg zu dieser Erkenntnis. Je mehr man den Gedanken folgt, die in diesem Buch nur angedeutet sind, desto mehr findet man das ganze Universum.

Man könnte einwenden: Kann jemand nicht spezielle andere Menschen lieben, ohne zu erkennen, das alles Teil eines einzigen Energiesystems ist? Schreiben Sie nicht einfach vor, was die richtige Sicht der Welt ist und wer wirklich liebt? Kann Liebe nicht auch als Gefühl oder Emotion ohne diese Weltsicht existieren?

Natürlich. Menschen lieben andere Menschen, Kinder lieben ihre Haustiere, manche Leute lieben wertvolle Gegenstände oder ihr Land. Aber was ist die Basis solcher Erfahrungen, was macht sie erst möglich? Um zum Wesentlichen zu kommen: Wie kommt es, daß Liebe im Leben von Individuen und im Leben menschlicher Gemeinschaften eine so ineffektive Kraft bleibt? Meine Überlegungen betreffen jenen Aspekt der Realität, der es uns ermöglicht, Einheit mit einem anderen Menschen, einer Gruppe, einer Nation oder einem schönen Kunstwerk zu empfinden. Wenn dieser Aspekt vergessen oder nicht erkannt wird, verdirbt er jene unmittelbar empfundenen Beziehungen.

Unserer Körper bewußt zu werden bedeutet, unserer Einheit mit der Menschheit bewußt zu werden. Die Welt schreit uns die Warnung entgegen: Umweltverschmutzung, Millionen hungernder Menschen und die Gefahr eines Atomkrieges sind die drei deutlichsten Hinweise darauf, daß wir körperlich existieren und miteinander verbunden sind.

Wie die schwerelose Prinzessin im Märchen entdecken mußte, gibt es keine Liebe ohne die Schwerkraft. Sich von einem liebevollen Standpunkt aus zu verhalten bedeutet, offen für das zu sein, was uns das Kräftefeld der Erde lehrt. Schenken wir ihm nicht genug Beachtung, fördern wir die Desintegration unseres Körpers; diese wiederum erschwert es dem Körper, seine Beziehungen zu dem wahrzunehmen, was ihn umgibt. Empfänglichkeit für die Botschaften der Erde führt zu neuer Harmonie.

Ein wesentlicher Teil von Liebe ist das Da-Sein für den anderen. Aber Da-Sein erfordert einen Körper, der offen und wahrnehmungsfähig ist.

Früher plagten mich Situationen, in denen ich mit Menschen zusammen war, ohne wirklich bei ihnen zu sein; weder hörte ich wirklich zu noch nahm ich sie ansonsten wirklich wahr. Die meiste Zeit war ich mit meinen Phantasien und Gedanken beschäftigt. Ich habe in meinem Körper eine Entsprechung für diese Abwesenheit gefunden. Die Befreiung meines Körpers hat mir buchstäblich die Augen und alle anderen Sinne geöffnet. Heute fühle ich mich in der Regel viel weniger verschlossen; ich nehme den anderen viel bewußter wahr. Ich empfange überhaupt viel mehr Eindrücke und Informationen auf vielen Ebenen.

Das Ideal besteht nicht in einem Verschmelzen mit anderen Menschen, sondern in der Fähigkeit zu verschmelzen, wenn man sich dazu entscheidet. Ich hatte früher einen Körper, der mir diese Möglichkeit versperrte. Es ist wertvoll, sich ganz und gar in sexuelle oder intellektuelle Aktivitäten hineingeben zu können. Die fehlende Möglichkeit, von der einen zu einer anderen Aktivität übergehen zu können, oder, wenn es angemessen ist, verschiedene Formen von Energie harmonisch in sich zu spüren, vermindert die Qualität des Lebens erheblich.

Freiheit ist die beste Voraussetzung für Sexualität. Wenn ich mit meiner ganzen Person anwesend bin, während ich mit jemandem schlafe — mit meinem Becken, meinen Beinen, meinem Kopf, meinem Bewußtsein, meinem Herzen, meinem Geist —, dann wird Sexualität ebenso wertvoll wie mystische Erfahrungen, weil sie mein wahres Wesen enthüllt, nämlich Teil eines beglückenden, sich ständig bewegenden und verändernden energetischen Ganzen zu sein.

Wilhelm Reich erforschte, wie sich die Besonderheit unseres Charakters in unseren sexuellen Erfahrungen offenbart. Wenn Sie die entscheidenden Qualitäten Ihres sexuellen Erlebens bestimmen können, wissen Sie alles, was Sie über sich wissen müssen.

Wenn Sie Sexualität nur von einem physischen Standpunkt aus betrachten, mag sie nur aus dem Einführen eines Penis in eine Vagina, einer Ejakulation beim Mann und nichts weiter bei der Frau bestehen. Oder sie umfaßt kräftige, schnelle, willkürliche Bewegungen des ganzen Körpers und explosive Orgasmen, die hauptsächlich in den Genitalien spürbar sind. Oder sie äußert sich in feinen, umschriebenen, rhythmischen Bewegungen des ganzen Körpers, die in einem wellen-ähnlichen, das ganze Wesen umfassenden Orgasmus kulminieren. Die letztere Form von Bewegung ist häufig von unwillkürlichen Impulsen des Körpers vor dem Orgasmus begleitet. Verschiedene Atemmuster gehen mit diesen Bewegungsstilen einher.

Beachten Sie die Unterschiede in Ihrer Wahrnehmung der anderen Person bei Ihren verschiedenen Arten sexueller Erlebnisse. Manchmal dient mir der Körper des anderen Menschen nur dazu, meine aufgestaute Energie im Orgasmus zu entladen. Bei anderer Gelegenheit schweifen meine Gedanken zu alltäglichen Angelegenheiten oder zu Phantasien ab. Oder ich drücke Zwiespältigkeit und Feindseligkeit aus, indem ich aggressiv und roh bin. Manchmal empfinde ich eine unendliche Zuneigung für meine Partnerin und bin mir ihres ganzen Wesens bewußt. Oder ich verliere jedes Gefühl für mich selbst und für sie und empfinde nur Energie und Glück.

Unserer Körper bewußt zu werden bedeutet, unserer Einheit mit der Menschheit bewußt zu werden. Diese Art vereinigender Erfahrung in der Sexualität erwächst aus einer umfassenden bewußten Wahrnehmung meines Körpers. Je mehr ich mir meines eigenen Körpers bewußt bin, desto bewußter bin ich mir der anderen Person und der Welt.

Sexualität ist eine machtvolle Lehrerin. Sie zeigt uns in unserem Körper, wo wir nicht locker und frei sind; lehrt uns, wo wir uns von dem, was uns umgibt, dem Partner und dem Universum abschneiden.

Ich machte mit einem Freund eine fortgeschrittene Rolfing-Sitzung. Jedesmal, wenn ich an einen problematischen Punkt in seinem Körper kam, spannte er seine Muskeln im Nacken und in den Schultern extrem an, wodurch sein ganzer Körper rigide wurde. „Das passiert mir immer, kurz bevor ich komme. Dadurch sind meine Orgasmen sehr schmerzhaft."

Ich arbeitete an den Knien einer Frau. Sie verspannte immer wieder ihren Bauch, als ob jemand sie dort schlagen würde. „Ich verspanne mich dort immer, wenn ich mit jemandem schlafe. Das stört mich sehr."

Im Europa des Mittelalters fand eine heftige Debatte darüber statt, ob die Kenntnis oder die Liebe Gottes das wichtigste Ziel menschlichen Lebens sei. Diese Diskussion spaltete ganze Fakultäten und Universitäten. In Paris und Oxford fanden deswegen sogar Straßenkrawalle statt. Abhängig von der Position, die man hinsichtlich dieser Frage bezog, trat man eher der einen religiösen Gruppe (zum Beispiel den Franzis-

kanern) oder einer anderen (zum Beispiel den Dominikanern) bei und
folgte unterschiedlichen spirituellen Riten.

Mit seiner bekannten Begabung für Synthesen schrieb Thomas von
Aquin, daß beide Aspekte Bestandteil jener totalen Erfahrung seien,
nach der die Menschheit strebe. Kenntnis sei allerdings eher das primäre
Element, da ohne sie Liebe unmöglich sei. Die Frucht der Kenntnis, so
argumentierte er, sei jedoch die Liebe.

Aber Liebe ist bereits in und um uns. „Die Risse, Löcher, Spaltungen
und Teilungen sind erdacht; sie beruhen nicht auf der Wahrheit, sondern darauf, was die Buddhisten Illusionen und was Freud unbewußte
Phantasien nennt."[17] Dieses Buch soll die Illusionen über die Natur des
Körpers in Frage stellen, die dazu beitragen, daß wir meinen, es gäbe
keine Liebe.

In Rays letzter Sitzung geschah nichts Besonderes. Er sagte, er habe
sich noch nie so wohl gefühlt wie in den drei Wochen seit der vorangegangenen Stunde. Sein Körpergewicht war von 52 auf 61 Kilo gestiegen.
Die einzigen Schwierigkeiten, von denen er berichtete, waren Spannungen im Nacken beim Dauerlaufen und ungewöhnliche Beschwerden im
Knie. Er war um Mitternacht am letzten Montag aufgewacht, weil sein
Knie schmerzte; es war so angeschwollen, daß er es nicht bewegen konnte.
Am Tage zuvor hatte er einen sieben Kilometer langen Spaziergang gemacht. Die Schmerzen dauerten bis Mittwoch an und verschwanden
dann. (Sie sind nicht wieder aufgetreten, und ihre Ursache blieb ein
Rätsel.)

Während ich ruhig an seinem Körper arbeitete, sprachen wir darüber,
was sich alles während der neun Wochen verändert hatte. Ich arbeitete
tiefer als jemals zuvor, aber er konnte den Schmerz ohne Widerstand
akzeptieren und bewegte sich sanft im Einklang mit meinen Händen,
um die Balance in seinem Körper zu vervollständigen.

Mein Ziel war hauptsächlich eine Dehnung der Beine, eine Erweiterung seines oberen Rückens und ein größerer Spielraum des Gelenks
zwischen Nacken und Schädel.

Als wir die gesamte Serie von Fotografien am Ende der Sitzung betrachteten, fiel uns auf, daß parallel zu den starken Veränderungen
in der Länge und Ausdehnung seiner Struktur ein stetiger Fortschritt
zu mehr Weichheit stattgefunden hatte. Die frühere Härte in seinem
Gesicht, in Schultern und Bauch ging zurück. Seine Stimme war weich
und tief geworden.

Es gab Augenblicke, in denen ich es bereute, Rays Rolfing-Stunden für dieses Buch ausgewählt zu haben. Sein Fall ist einer der am wenigsten dramatischen. Es traten keine offensichtlichen Veränderungen in seinen Beziehungen zur Umwelt auf. Trotzdem hielt ich seinen Fall für geeignet. Er ist sehr typisch für die Einzigartigkeit des beim Rolfing stattfindenden Prozesses hinsichtlich der Implikationen einer reinen Arbeit an der Körperstruktur. Viele von den anderen Geschichten, die ich hätte erzählen können, hätten auch von anderen Therapeuten oder spirituellen Lehrern stammen können. Aber für die Mehrheit der Menschen führt der Weg zu einem erweiterten Bewußtsein über diese einfache Körperarbeit. Viele meiner Klienten sind wie Ray Menschen mit normaler Gesundheit, die im Leben gut zurechtkommen. Sie kämen nicht auf den Gedanken, einen Psychotherapeuten aufzusuchen, an Selbsterfahrungsgruppen teilzunehmen oder zu meditieren. Aber sie haben einiges Unbehagen in ihrem Körper, sexuelle Schwierigkeiten oder spüren einfach nur die Wirkungen des Alterns. Also machen sie Rolfing. Während sich die Tore ihres Körpers öffnen, entdecken sie langsam neue Möglichkeiten für sich und betrachten ihr Leben auf eine neue Weise. Sie fangen an zu erkennen, daß sie viel mehr sind als das, für was sie sich hielten, und häufig unternehmen sie etwas, um dieses „mehr" zu verwirklichen.

Die Schmerzen in Rays physischem Leben haben stark abgenommen. Er hat gelernt, die Bedürfnisse seines Körpers zu lieben und zu respektieren. Er wirkt sanfter und kontaktfähiger.

„Innen" und „außen" sind Lügen. Gegen Rolfing wird häufig der Einwand erhoben, es könne nicht wirklich wirksam sein, weil es von außerhalb der Person komme, und wirkliche Veränderung müsse von innen kommen.

Meine erste Antwort darauf ist, daß Rolfing, wie jeder andere Unterricht auch, in Wirklichkeit ausschließlich in der Person stattfindet. Meine Hände sind die Werkzeuge, die die Person benutzt. Ich arbeite nur mit den inneren Energiekanälen, die mir der Rhythmus dieser Person vorschreibt.

Aber darin liegt eine Lüge. Sie besteht darin, daß ich anders bin als mein Klient. Von diesem Standpunkt gesehen befindet sich die Luft außerhalb von uns, ebenso wie die Nahrung, Bücher und auch die lebendigen Lehren von Gurdjieff und Muktananda. Von diesem Standpunkt aus ist nichts in mir; Aufnehmen wäre unmöglich. Das Wahre an der

Lüge liegt darin, daß vom Standpunkt der Unterteilung aus nichts Bedeutsames geschehen kann, weil man zur Lüge beiträgt, wenn man von diesem Standpunkt ausgeht. Muktanandas Genie zum Beispiel liegt gerade in seiner Fähigkeit, mir zu vermitteln, daß er nichts anderes ist als ich.

„Das Ziel von Psychotherapie ist psychische Integration; aber die Integration eines isolierten Individuums ist nicht möglich. Das Indivuum entsteht überhaupt erst durch Spaltung; Integration des Individuums ist daher ein in sich widersprüchliches Unterfangen, wie man anhand der vergeblichen Versuche von Psychotherapeuten deutlich sehen kann, zu definieren, was sie mit ‚Gesundheit' des Individuums meinen. Die angestrebte ‚Individuation', d.h. das Bemühen, das Ego durch das ‚Selbst' abzulösen, verheimlicht auf hinterlistige Weise die tiefe Kluft zwischen dem *principium individuationis* und dem dionysischen, trunkenen Prinzip der Einheit oder Gemeinschaft, zwischen Mensch und Mensch und zwischen Mensch und Natur. Die Integration der Psyche ist die Integration der menschlichen Rasse und die Integration der Welt, mit der wir untrennbar verbunden sind. Wir können nur in einer einheitlichen Welt eins sein. Die innere Stimme, das persönliche Heil, die private Erfahrung — all dies beruht auf einer illusorischen Unterscheidung."[18]

Buddhas Schwur, die Erleuchtung nicht zu erreichen, bevor nicht alle empfindenden Wesen für die Erleuchtung bereit seien, war kein besonderer Akt der Liebe oder des Muts: Es war ein klares Erkennen der Realität. Wenn irgendein Teil sich nicht in Harmonie befindet, ist das ganze System gestört.

Unserer Körper bewußt zu werden bedeutet, unserer Einheit mit der Menschheit bewußt zu werden. Wenn ich mir meiner eigenen körperlichen Realität stärker bewußt werde und die Pforten der Wahrnehmung öffne, nehme ich mehr von der mich umgebenden körperlichen Realität wahr. Allerdings ist diese körperliche Realität um mich herum voller Schmerz, Konflikt und Hunger. Mitgefühl und ein Gespür für den tiefen Schmerz, der den Körper der Menschheit quält, sowie der Drang, an seiner Heilung teilzunehmen, werden geboren.

Das einzige Vergnügen, das die schwerelose Prinzessin genießen konnte, war das Schwimmen im See vor ihrem Palast. Im Wasser wurde sie den anderen Menschen am ähnlichsten. Eines Tages begegnete sie beim Schwimmen einem Prinzen aus einem fernen Land, der sich in sie verliebte. Aber obwohl sie Spaß daran hatte, gemeinsam mit ihm zu schwimmen, verstand sie ihn nicht, wenn er von Liebe sprach. Die böse Tante, die ihr die Schwerkraft gestohlen hatte, wurde es allmählich leid zuzuschauen, wie die Prinzessin sich im See amüsierte. Also verwandelte sie ein Stück Tang in eine riesige Schlange, die damit begann, das Wasser durch ein Loch im Boden des Sees abzusaugen. Außerdem schüttete sie ein Zaubermittel in alle Flüsse, so daß sie austrockneten. Die Prinzessin zog sich in tiefer Trauer in ihren Palast zurück; sie konnte es einfach nicht mitansehen, wie ihr geliebter See austrocknete. Der verkleidete Prinz bot dem König an, mit seinem Körper das Loch im See zu stopfen, wenn nur die Prinzessin in seiner Nähe wäre, während das steigende Wasser ihn ertränkte. Die Prinzessin saß in einem Ruderboot in seiner Nähe, als ihn das Wasser langsam überflutete. Sie achtete kaum auf ihn, da sie nur darauf schaute, wie ihr geliebter See wieder erschien. Aber als das Wasser seinen Mund und seine Nase erreicht hatte, wurde sie zum ersten Mal im Leben von Anteilnahme gepackt. Sie sprang ins Wasser, zog ihn aus dem Loch und schaffte seinen beinahe leblosen Körper an Land. Sie fing an zu weinen, als sie sich ihrer Liebe für den Prinzen bewußt wurde, der bereit gewesen war, aus Liebe für sie sein Leben zu opfern. Als der Prinz zu sich kam, gewann sie mit einem Mal ihr Schwere zurück.

Der Standpunkt der Liebe läßt sich nicht durch Überlegungen erwerben, sondern nur durch Erfahrungen mit Menschen, die von diesem Standpunkt aus mit uns in Beziehung treten. Ich habe von Menschen lieben gelernt, die aus Liebe heraus auf mich zugingen. Zu einer entscheidenden Zeit in meinem Leben, zum Beispiel, als ich mir gerade klar darüber geworden war, wie sehr mein Leben in meinen Genitalien und in meinem Kopf gefangen war, traf ich Elissa, und ich fühlte, wie sich mein Herz öffnete und mein ganzer Körper spürbar wurde.

Der Weg der Liebe ist nicht leicht. Wer ihn gehen möchte, ist nicht so dumm, sich zu panzern. Aber die Welt ist voller Feindseligkeit und bedroht unsere Integrität. Wenn wir den Panzer abwerfen, setzen wir uns nicht nur dem Glück aus, sondern auch einer Welt, die von emotionalen, spirituellen und physischen Unannehmlichkeiten beherrscht wird. Die Frau, die sich in jener Nacht umbrachte, bevor ich anfing, dieses Buch zu schreiben, hatte ihren Panzer verloren. Was außen/innen war, war unerträglich für sie geworden.

Die Wahrheit — Liebe — spricht für sich selbst. Sie braucht weder erklärt noch erzwungen oder erkauft zu werden. Was erklärt, erzwungen oder erkauft werden muß, ist keine Liebe. Zu erklären, was Liebe ist, ist genauso, als würde man erklären, wie es ist, die Augen zu öffnen. Es kommt aber darauf an, die Augen zu *öffnen*.

QUELLENANGABEN

1) Norman O. Brown: Love's Body. New York, 1966. S. 155
2) B.B. Gallaudet: A Description of the Planes of Fascia of the Human Body. New York, 1931. S. 1
3) Ida P. Rolf: Structural Integration: A Contribution to the Understanding of Stress. In: Confinia Psychiatrica 16, 1973. S. 71
4) Robert D. Lockhart: Anatomy of the Human Body. Philadelphia, 1972. S. 11
5) Frederick Leboyer: Interview. In: New Age Journal 8, 1975. S. 15f.
6) Ida P. Rolf: Structural Integration: A Contribution to the Understanding of Stress. In: Confinia Psychiatrica 16, 1973. S. 73
7) Mary Douglas: Natural Symbols. New York, 1970. S. 65
8) Carolyn Cohen: The Protein Switch of Muscle Contraction. In: Scientific American 11, 1975. S. 36
9) Werner Erhard: Rede vor est-Prüflingen. San Franzisko, 15. August 1975
10) Diese Debatte wurde ursprünglich veröffentlicht in: Commentary, 2 und 3, 1967, und in: Marcuse: Negations, Boston, 1968, S. 227-247, wieder abgedruckt. Brown antwortete darauf ausführlich in: From Politics to Metapolitics, A Caterpillar Anthology, herausgegeben von Clayton Eshelman, New York, 1971, S. 3-15.
11) Norman O. Brown: From Politics to Metapolitics. S. 11
12) Ida P. Rolf: Structural Integration: Gravity, an Unexplored Factor in a More Human Use of Human Beings. In: The Journal of the Institute for the Comparative Study of History and the Sciences 1, Juni 1963. S. 3
13) Norman O. Brown: From Politics to Metapolitics. S. 8
14) Ted Polhemus: Social Bodies. In: The Body as a Medium of Expression, herausgegeben von Jonathan Benthall und Ted Polhemus. New York, 1975. S. 33. Dieses Buch liefert einen guten Überblick über die neueren Arbeiten von Anthropologen und Soziologen zu diesem Thema.
15) Norman O. Brown: Daphne, or Metamorphosis. In: Myths, Dreams und Religion, herausgegeben von Joseph Campbell. New York, 1970. S. 94
16) Norman O. Brown: Love's Body. New York, 1966. S. 82
17) Ibid., S. 81
18) Ibid., S. 86f.

Dr. John Pierrakos

CORE ENERGETIK

Zentrum Deiner Lebenskraft

SYNTHESIS VERLAG

Dr. Pierrakos therapeutischer Ansatz basiert auf: 1. Der Mensch ist eine psychosomatische Einheit. 2. Die Quelle der Heilung liegt im Selbst. 3. Alles Existierende bildet eine Einheit.

Über die Weiterentwicklung des Reichschen Therapieansatzes in Verbindung mit den Erkenntnissen der neuen Physik und unter Einbeziehung seiner geistig/spirituellen Erfahrungen entwickelte Pierrakos sein Konzept der Core-Energetik-Therapie, des Zentrums der menschlichen Lebenskraft.

Die Pulsation des Lebens bleibt in diesem Buch nicht nur ein philosophisches Gebäude.

Dr. Pierrakos verdeutlicht uns die Wahrnehmung der menschlichen Energiezentren (Chakren) und der verschiedenen uns umgebenden Energiefelder (Auren). Unter Angabe der Pulsationsfrequenzen und damit auch Zusammenhänge zu Tieren, Pflanzen und Mineralien stellt er diese in einen direkten Zusammenhang zum universellen Lebensablauf. Mit seiner Erfahrung als Arzt, Körpertherapeut und seinen außergewöhnlichen Forschungen entwickelte Dr. Pierrakos eine therapeutisches System der Diagnose und energetischen Behandlung.

Dr. J. Pierrakos, Schüler und Mitarbeiter von Wilhelm Reich, ist mit Dr. A. Lowen Mitbegründer der Bioenergetik. Die Weiterentwicklung führte ihn zur Core Energetik. Heute forscht, lehrt und praktiziert Dr. Pierrakos weltweit mit seinem »Institute of Core Energetics« in New York.

Zahlreiche 4-Farb-Abbildungen verdeutlichen die Energiefelder des Menschen in Zusammenhang mit seiner Charakterstruktur.

Jemanden lieben, das heißt, ihn zum Leben führen, sein Wachstum herausfordern.
— Die Essenz unseres Verlages.

Wenn Sie an regelmäßigen Informationen interessiert sind,
senden Sie uns bitte Ihre Adresse:

SYNTHESIS VERLAG

Siegmar Gerken · Lutterbecks Busch 9 · D-4300 Essen 1

SYNTHESIS VERLAG

Sie erhalten die Bücher des
SYNTHESIS VERLAG
in jeder guten Buchhandlung.
Bei Bezugsproblemen wenden Sie
sich bitte an den Verlag
Synthesis Verlag, S. Gerken,
Lutterbecks Busch 9,
D-4300 Essen 1.

Vorschau Herbst 1987

Gerda & Mona Lisa Boyesen: BIODYNAMIK DES LEBENS

Die Entwicklung der biodynamischen Psychologie   ca. 280 S., 29,80 DM

Die biodynamische Psychologie ist eine körperorientierte Psychotherapie, die von Gerda Boyesen in ihrer jahrzehntelangen klinischen Erfahrung in Psychologie, dynamischer Physiotherapie und Vegetotherapie entwickelt wurde. Sie begründete eine physiologische Basis zur Psychotherapie, welche biodynamische Elemente des Organismus auf der psychischen und der körperlichen Ebene einbezieht. Die Theorie und Praxis umfaßt spezifische Methoden der dynamischen Physiotherapie und der charakteranalytischen Vegetotherapie von Wilhelm Reich. Gerda Boyesens Erforschung der psychosomatischen Störungen bestätigt die orgonomischen Erkenntnisse Reichs. Die Weiterentwicklung dieser theoretischen und praktischen Konzepte führte sie zur biodynamischen Psychologie.

Vorschau 1988

David Boadella: LEBENSFLUSS

Theorie und Praxis der Biosynthese

Die Biosynthese ist eine therapeutische Methode, die von David Boadella in den letzten 15 Jahren entwickelt wurde. Sie hat die Integration von Körper, Seele und Geist zum Ziel. Ihre wichtigste Grundlage ist Wilhelm Reichs Vegetotherapie, die mit der Auflockerung der defensiven Muskelpanzerung des Körpers arbeitet, um das lustvolle Pulsieren der Lebensenergie im Organismus zu wecken und damit die Selbstregulierung der Heilungskräfte zu stimulieren.

Die Biosynthese geht von drei fundamentalen Energieströmen im Körper aus, die mit der Entwicklung des Embryos aus den drei Keimblättern (Entoderm, Mesoderm, Ektoderm) verbunden sind. Diese drei Ströme realisieren sich in einem Fluß von emotionalem Leben durch die inneren Organe des Körpers, von Bewegung durch die Muskelwege, von Wahrnehmungen, Gedanken und Bildern durch das Nervensystem. Streß vor der Geburt oder während der Kindheit zerstört das Zusammenspiel dieser drei Kräfte.

Diese Wiedervereinigung von Fühlen, Handeln und Denken bildet die äußere Basis der Biosynthese, der eine innere Basis zugehörig ist, die die Essenz jeder einzelnen Person darstellt. In diesem Bereich geht es der Biosynthese um ein geistig-seelisches Zentrieren, das innere Bilder mit der Atembewegung verbindet und das Energiefeld des Körpers ins Gleichgewicht bringt.

Richard S. Heckler: AIKIDO UND DER KRIEGER DES NEUEN BEWUSSTSEINS

Meister Uyeshiba, Begründer des Aikido, entwickelte eine Kampfart, die die innere Kraft des Menschen stärkt, ohne Rivalität und Streit. Durch die im Aikido entwickelten Methoden zeigt er eine Alternative zu unserer derzeitigen Form des erdrückenden Militarismus, bzw. eines aufopfernden Pazifismus auf. Das Elementarste an Meister Uyeshibas Aikido aber ist der spirituelle Pfad, der die Menschen lehrt, ihr Ki, ihre Energie mit dem Ki des Universums zu verbinden, um in einer Welt der Harmonie, Zentriertheit und des Mitgefühls zu leben.

Besonders in einer Zeit, in der die spirituellen Werte von der ständigen Gratwanderung der menschlichen Vernichtung oder des Überlebens überdeckt werden, wird bewußt, daß die im Aikido enthaltene Botschaft für uns von Bedeutung ist.

Jeremy Taylor: DIE WIRKLICHKEIT DES TRAUMES

Integration unserer Träume in Lebensprozesse

J. Taylor ist es in genialer Weise gelungen, ein offenes System zur Arbeit mit den Träumen zu entwerfen, welches sich nicht auf Deutungsschemata fixiert, sondern sich auf den dynamischen Prozeß des Träumenden bezieht. Die Integration verschiedener Ansätze (von den Senoi bis zu C.G. Jung), wird mit theoretischen Erläuterungen und Seminarprotokollen in ihrer Anwendbarkeit verdeutlicht und durch jeweils thematisch orientierte praktische Individual- und Gruppenübungen angeleitet.

Dieses Buch umfaßt erstmalig auch Taylors traumorientierte Sozialarbeit mit verschiedenen Randgruppen unserer Gesellschaft und erweitert damit den bisherigen individuellen Ansatz zur direkten Erfahrbarkeit des kollektiven Wesens, welches über alle Rassen- und Sozialstrukturen hinaus die Menschen miteinander verbindet.

Dieses Buch öffnet neue Dimensionen der Traumarbeit.

Dr. John Pierrakos: LIEBE, EROS UND SEXUALITÄT

Trotz unserer sexuellen und sozialen Entwicklungen hat der heutige Mensch zum großen Teil sein Vertrauen in seine natürliche Fähigkeit verloren, die Kräfte der Liebe, des Eros und der Sexualität zu unterstützen und weiterzuführen.

Dieses Buch wird die Natur und die grundlegenden Elemente dieser Kräfte und ihrer Integration durch **Core Energetik** aufzeigen, ihre Beziehung zur Persönlichkeit und Charakter-Energie-Struktur und wie sie die Fragen von Liebe, Ehe und menschlicher Beziehung beeinflussen — Situation und Einfluß der Egokonzepte in Beziehung zu den Energiefeldern und Chakren — Unterstützung der Intentionalität und auch des Willens zur Entfaltung der Liebe als *dem* kreativen, lebendigen Element in diesem Prozeß. *(erscheint Winter 1988)*

Bisher erschienene Titel

Ken Dychtwald: KÖRPERBEWUSSTEIN

Basierend auf den Arbeiten von W. Reich, I. Rolf, M. Feldenkrais, F. Perls, W. Schutz, A. Lowen, St. Keleman, R. Kurtz u.a. und verschiedenen Yoga-Richtungen, verbindet Dychtwald deren Erkenntnisse mit einer Vielfalt von östlichen und westlichen Einstellungen zur Entwicklung des KörperBewußtseins. Es ist das zur Zeit umfassendste und leichtverständlichste System zur Bewußtwerdung und Diagnose des Körper-Bewußtseins.

320 Seiten, 46 Abb., 4. Auflage   DM 34,—

Don Johnson: ROLFING UND DIE MENSCHLICHE FLEXIBILITÄT

Der Körper ist flexibel, ein fließendes Energiefeld, das vom Moment der Empfängnis bis zum Tod in einem Prozeß der ständigen Veränderung ist. **Inhalt u.a.:** Beschreibung von Rolfing-Sitzungen, Rolfing und die anatomischen Grundlagen; soziales Verhalten und die Auswirkungen auf den Körper . . .

Erik Sidenbladh: WASSERBABYS —
Geburt und Entwicklung in unserem Urelement

Der sanfteste Übergang vom Mutterleib in die Außenwelt ist die Geburt unter Wasser. Frühes Training im Wasser bewirkt bei den Kindern eine bessere und schnellere Koordination der Bewegungen und Körperfunktionen. Die zahlreichen, außergewöhnlichen Aufnahmen verstärken Tjarkovskijs Erfahrungen, daß das menschliche Potential besser entwickelt werden kann, wenn wir lernen, Wasser ohne Angst zu akzeptieren.

156 Seiten, durchgehend vierfarbig illustriert, geb.   DM 19,80

Ullrich Sollmann (Hrsg.): BIOENERGETISCHE ANALYSE

A. Lowen: Der Wille zu leben und der Wunsch zu sterben; *E. Robins:* Der rhythmische Zyklus und Widerstand; *E. Muller:* Auswirkungen des Berührens; *H. Petzold:* Der Schrei in der Therapie; *L. Rablen:* Das gespaltene Ich. Krebs und Probleme der Selbstabgrenzung; *A. Kloppstech:* Frauenarbeit mit krebskranken Frauen; *P. Boyesen:* Psychodynamische Analyse; *U. Sollmann:* Prozeßanalytische Körperarbeit in der Gruppe; *E. Svasta:* J. Velzeboer und die Bioenergetische Analyse; *R. Steiner:* Die energetische Verbindung von Körper und Geist; *R. C. Ware:* C. G. Jung und die Körper — vernachlässigte Möglichkeiten der Therapie? . . .

252 Seiten   DM 32,—

Ron Kurtz: KÖRPERZENTRIERTE PSYCHOTHERAPIE

Die Hakomi-Methode

Körper und Bewegungen eines Menschen drücken zentrale Anschauungen, Bedürfnisse, Gefühle und Besonderheiten seines Daseins aus. Psychologische Informationen formen den Körper. In Anerkennung dieser

Verbindung beginnt die Methode mit der Arbeit am Körper. Besonderes Kennzeichen der Hakomi-Methode ist die genaue Anwendung der buddhistischen Prinzipien von *Innerer Achtsamkeit* — die Aufmerksamkeit wird auf das gelenkt, was jetzt genau vor sich geht — und *Gewaltlosigkeit* — wir unterstützen Abwehr und spontanes Verhalten, lassen entwickeln anstatt zu konfrontieren und zu bekämpfen.
320 Seiten, Abbildungen, geb.   DM 38,—

Dr. Malcolm Brown: DIE HEILENDE BERÜHRUNG
Die Methode des direkten Körperkontaktes in der körperorientierten Psychotherapie

Dieses Buch führt zu theoretischer Klarheit und zum praktischen Verständnis einer Yin/Yang-Körpertherapiemethode, eingebettet in eine grundlegende, humanistische, tiefgehende Art der Behandlung. Beeinflußt durch C. G. Jung, A. Maslow, E. Neumann, C. Rogers und D. H. Lawrence entwickelte Brown seine Methode der Lösung der chronischen Muskelspannung und der Reaktivierung der natürlichen geistig/spirituellen Polaritäten der verkörperten Seele und transzendierten Psyche.
340 Seiten, 30 Abbildungen, geb.   DM 39,—

Peter Mandel: DIE ENERGETISCHE TERMINAL-DIAGNOSE — aus der Kirlian-Fotografie

Die E-T-D ist eine Methode, die energetische diagnostische Hinweise, therapeutische Maßnahmen und exakte Therapiekontrolle aufzeigt. Sie basiert auf den Erkenntnissen des russischen Ehepaares Kirlian und der Fotografie der Terminalpunkte, d.h. der Anfangs- und Endpunkte der klassischen Akupunktur.
Die E-T-D, von Peter Mandel entwickelt, weist die Informationsfähigkeit aller am Leben beteiligten Systeme im Energiefluß nach. Ursachen von Krankheitssymptomen werden aus einem E-T-D-Bild herausgelesen. Alle Unregelmäßigkeiten im körperlichen Geschehen lassen sich in einem Abstrahlungsbild sichtbar machen. Jede therapeutische Manipulation läßt sich in einem Abstrahlungsbild positiv oder negativ nachweisen.
220 Seiten, über 150 Fotos und Zeichnungen   DM 48,—

Amrito (Dr. Jan Foudraine): BHAGWAN, KRISHNAMURTI, C. G. JUNG UND DIE PSYCHOTHERAPIE
206 Seiten, illustriert   DM 26,00

Bodo J. Baginski, Shalila Sharamon: REIKI — UNIVERSALE LEBENSENERGIE
zur ganzheitlichen Selbstheilung, Patientenbehandlung, Fernheilung von Körper, Geist und Seele
Reiki wird als jene Kraft definiert, die die Grundlage allen Lebens bildet. Diese universale Lebensenergie kann durch entsprechende Einstimmungen in jedem Menschen geweckt und aktiviert werden, so daß sie als heilende, ordnende und harmonisierende Kraft durch seine Hände fließt. Reiki bewirkt eine Heil-Werdung im ursprünglichen Sinn, denn es führt den Menschen zu einer Harmonie mit sich selbst und den grundlegenden Kräften des Universums zurück.
256 Seiten, illustriert   DM 28,00

Helmut Sieczka: ICH MAG MICH SELBST
Affirmationen   28 Seiten, Büttenpapier   DM 5,00

Bob Toben: RAUM-ZEIT UND ERWEITERTES BEWUSSTSEIN
Auf dem Weg zur Erklärung des Unerklärbaren
175 Seiten, illustriert   DM 24,00

A. Wallace, B. Henkin: ANLEITUNG ZUM GEISTIGEN HEILEN
225 Seiten   DM 24,00

Jemanden lieben, das heißt, ihn zum Leben führen, sein Wachstum herausfordern.
— Die Essenz unseres Verlages.
Wenn Sie an regelmäßigen Informationen interessiert sind,
senden Sie uns bitte Ihre Adresse:
SYNTHESIS VERLAG · Siegmar Gerken · Lutterbecks Busch 9 · D-4300 Essen 1

INTEGRAL